微政时代下的
信息公开行为研究

朱晓峰 崔露方 程琳 叶许婷 著

WEIZHENG SHIDAIXIA DE
XINXI GONGKAI XINGWEI YANJIU

南京大学出版社

图书在版编目(CIP)数据

微政时代下的信息公开行为研究 / 朱晓峰等著. --
南京 : 南京大学出版社, 2020.6
ISBN 978-7-305-23223-7

Ⅰ. ①微… Ⅱ. ①朱… Ⅲ. ①国家行政机关—信息管
理—电子政务—研究—中国 Ⅳ. ①D630.1—39

中国版本图书馆 CIP 数据核字(2020)第 070248 号

出版发行 南京大学出版社
社　　址 南京市汉口路 22 号　　邮　编 210093
出 版 人 金鑫荣

书　　名 微政时代下的信息公开行为研究
著　　者 朱晓峰 崔露方 程 琳 叶许婷
责任编辑 杨 博 吴 汀　　编辑热线 025-83595840

照　　排 南京南琳图文制作有限公司
印　　刷 常州市武进第三印刷有限公司
开　　本 787×960 1/16 印张 12.25 字数 168 千
版　　次 2020 年 6 月第 1 版 2020 年 6 月第 1 次印刷
ISBN 978-7-305-23223-7
定　　价 48.00 元

网址: http://www.njupco.com
官方微博: http://weibo.com/njupco
官方微信号: njupress
销售咨询热线: (025) 83594756

前　言

随着以传播及时、互动性强为主要特征的微博微信日益从微平台变成了大众传媒平台，开通政务微博、政务微信成为政府部门发挥服务民众、亲民沟通、舆论引导、应急救援、宣传推广等作用的必然选择，微政时代悄然来到。

从“公平关切”视角分析微政时代信息公开各个利益主体（微政务信息公开的供给者、使用者、管理者）的行为特征和行为规则，可以揭示信息公开工作的选择性公开、虚假公开、被动公开等行为的根源，进而建立完整的微政时代信息公开的动力机制和创新服务模式。

本书是国家社科基金项目《公平关切视角下微政务信息公开的动力机制与创新模式研究》（项目批准号：15BTQ052）的最终成果。在完成这个项目的过程中，我们发表了一系列的文章，随着研究的深入，对项目的思路更加清晰，我们把微政时代下的信息公开行为研究聚焦在公平关切视角下的相关主体之间（管理者与供给者、供给者与供给者、供给者与使用者）的行为研究，并以此为线条构架了本书的框架。

本书的第一章主要阐述了微政时代信息公开与信息公开行为的基本含义，并给出了全书的研究思路与主要研究内容；第二章通过 CiteSpace 软件对微政时代信息公开的研究热点以及发展趋势进行可视化分析，构建出微政时代信息公开研究的知识结构，揭示了该领域研究的研究轨迹、研究现状及发展趋势；第三章对微政时代信息公开行为的关键因子——公平关切进行界定与度量，梳理和分析了微政时代信息公开各利益主体的动力因子，并从竞争机制与激励机制两个角度，讨论了微政时代信息公开行为动力系统的研究方式与方法，为本书后续章节提供理论依据和研究基础;第四章将上级政府(管理者)和下级政府(供给者)作为研究对象,讨论上下级政府间信息传递和交流,以及彼此行为策略的选择、演化,进而根据不同的约束条件,探寻动力因子、构建动力系统并进行实证研究,提出政府信息公开服务策略与优化建议;第五章以同级政府为代表,分析同级政府间信息公开的行为特征与动力策略,并从委托代理的角度探讨了同级政府间信息公开的激励制度与对策;第六章将下级政府为代表信息公开供给者以及以公众为代表的信息公开使用者作为研究对象,探究和讨论双方在激励机制下的行为特征、行为规则及动力系统。

本书的撰写与贡献如下:朱晓峰撰写了第一、三章;崔露方撰写了第二、四章;程琳撰写了第五章;叶许婷撰写了第六章。本书的结构与框架由朱晓峰和崔露方共同讨论构筑,全书也由朱晓峰审阅并进行了细致的修改,崔露方也为本书的审阅做了大量的工作。本书是国家社科基金项目成果,虽然执笔人仅有四人,但它来自集体的智慧。项目参与人前后有十数人,经常的专题讨论为执笔者提供了素材,激发了灵感。整个课题组组成人员有:朱晓峰、张琳、陆敬筠、胡桓、赵柳榕、吴志祥、崔露方、程琳、叶许婷、张卫、冯韬、黄晓婷等。

在本项目的立项与进行过程中,我们得到了来自多方的帮助和支持,在此特别感谢他们。感谢项目的评审专家,他们对项目申请书提出的宝贵意见使我们的研究方向和重点更加明确;感谢南京工业大学科学研究部刘碧云部长和经济与管理学院王冀宁院长的关心、指导和督促;感谢南京工业大学“数据管理与知识服务”社科研究基地、“大数据应用与信息服务”社科创新团队的支持与资助;还要感谢我们在本书撰写过程中引用文献的作者们,他们的成果给了我们很多启迪;感谢家人的悉心照顾,使我得以不断进步。最后,还要感谢南京大学出版社的各位编辑,他们为本书的编辑与出版付出了大量的辛劳,才使本书得以出版。

朱晓峰

2020 年 1 月 29 日于南京

目　录

第一章　概　述

第一节　顺应微时代，启动微传播

随着移动设备的普及和网络条件的不断改善，移动互联应用在人们工作、生活中发挥着越来越重要的作用，人们对通过手机、平板等移动设备实时便捷地获取、处理和传递信息的需求也在增加，网络已经成为人们获取信息和交流观点的重要平台。微时代下，政府如何把握住此次浪潮，利用新媒体技术增进政府形象、改善政府和民众的沟通，既要便利工作，又要服务社会，最终使得原有的微政时代信息公开模式逐步转型，成为众多学者竞相研究的高地①。

传统意义上，微时代即以微博、微信作为传播媒介代表，以短小精练作为文化传播特征的时代，微时代信息的传播速度更快、传播的内容更具冲击力和震撼力。因此，信息公开工作应该积极顺应微时代，努力启动微传播，改变大众获取和传播信息的方式，打造以公众为中心、以公民参与、双向互动为平台，为公众提供更方便、快捷、有质量的公共服务②，由此，

---

① 高政：《"互联网＋"背景下电子政务推进政府信息公开的路径优化研究》，博士学位论文，新疆大学，2018。

② 胥婷：《政府微政务回应机制研究》，博士学位论文，上海师范大学，2017。

“微政务”应运而生。

微政务是指由中国政府部门推出的以“微博＋微信”为主要平台的电子政务 2.0 模式下的公共管理方式①。微政务在社会管理创新、信息公开、新闻舆论引导、倾听民众呼声、树立政府形象、群众政治参与等方面起到了积极的作用。近年来，政府部门和组织不断加大对微政务的应用，以微博平台为例：作为政务新媒体中起步最早、发展最成熟、氛围最开放的平台，政务微博为微政时代信息公开开拓了新途径、打开了新局面，有助于政府部门与群众紧密联系、高效互动，不断完善体制建设与管理方式，搭建好沟通国家政府与社会人民的桥梁，同时助力我国政务服务建设。2019 年 1 月 22 日，由人民日报主办、微博和新浪网承办的 2019 政务 V 影响力峰会在北京举行，人民网舆情数据中心副主任、人民在线副总经理单学刚发布了《2018 年度人民日报政务指数·微博影响力报告》。报告指出，2018 年政务微博的总阅读量超过 3890 亿，在政务公开、政民互动、政务服务、规范运营方面均有明显表现，实现了从发布到问政再到行政的综合价值升级，并继续在政务新媒体矩阵中发挥核心作用。微博还发布了政务微博未来发展计划重点培养的一批优质账号，同时宣布每年将投入 10 亿资源，用于提升政务微博的运营效果和影响力。截至 2018 年 6 月，经过认证的政务微博达到 17.58 万个②。伴随机构改革的推进，国家市场监督管理总局、中国海警局官方微博开通上线，文化与旅游部、生态环境部、应急管理部等部委的官方微博也相继“变身”。2018 年上半年，政务微博的传播能力、服务意识和运营实效都得到进一步提升，日常的响应、联动、协作更加成熟。数据显示，2018 年上半年政务微博的总粉丝已经达到 29 亿，总阅读量达到 1523 亿次。报告还指出，随着

---

① 刘洁：《论新媒体环境下政府建构公共话语空间的理念及策略》，博士学位论文，南京大学，2013。

② 何蕾：《基于 SWOT 模型的地方政务微博运营策略探析》，《传媒论坛》2019 年第 2 期：13—14。

社会治理重心向基层下移，政府及社会组织利用政务微博发布信息、解读政策和办事服务的能力也向基层下移。但是，各职能部门利用基层微博加强公共服务和民生保障的能力并不均衡。仅以开通率为例，在县级行政单位中，公安行业的微博开通率为78%，活跃率超过85%，而部分行业开通率不到25%，活跃率不到50%。据不完全统计，目前通过微博开展政务服务的账号覆盖20多个行业、30个地市，共计4362个账号，呈增长趋势。

随着政务微博账号体系与政府行政职能体系的全面对接，构建政务微博服务矩阵的条件已经成熟。除了较早开展政务微博服务矩阵实践的银川之外，成都、昆明、马鞍山等城市和新疆检察系统、湖南公安系统、北京12345便民服务中心、天津交警系统，也都开展了政务微博服务矩阵运营。2018年上半年，“昆明发布厅”对网民反映问题的办结率达到85.3%，@成都服务对市民及企业诉求的按时办结率达到93.5%。

如何有效利用微政务做好微政时代信息公开工作，有效规范好信息公开主体行为，处理好各行为主体间的制约与促进关系，已成为学科领域的关键，本书即以此为出发点，探究微政时代信息公开行为主体间的动力系统，以期支撑各级政府部门真正实现服务型政府的建设目标。

第二节 微政时代下的信息公开行为

一、微政时代信息公开

微政时代信息公开，是指国家政府部门、行政机关、各事业单位等政府组织，依照法定的程序及形式，主动或根据公众申请被动地将行使职权的过程中自身制作或获取的信息，通过微博微信等平台，以一定的形式，向社会公众或组织公开的政府行为①。社会公众及各单位、组织，有获得政府信息，进而促进自身更好发展的权利，政府机关有义务公开自身信息，保障公众的知情权，并起到辅助社会公众以及各行各业良好运作的作用②。在信息公开过程中一直遵守的《政府信息公开条例》，也是微政时代信息公开工作的标准与准则。所谓“恐慌始于流言，流言止于公开”，该条例将政府信息公开变成了政府法定的义务，使得各级政府能够坦诚地信息公开，一方面，有利于较为完善地保障公民的知情权，另一方面，也让公众更加理性，从而正向促使政府积极实施信息公开。

微政时代下的信息公开，是从 2013 年拉开帷幕的。这一年，有两大重要路标。2013 年 10 月 15 日，国务院办公厅发布了《关于进一步加强政府信息公开回应社会关切提升政府公信力的意见》，要求进一步做好信息公开工作，增强公开实效，提升政府公信力。此后不久，11 月召开的党的十八届三中全会出台《中共中央关于全面深化改革若干重大问题的决定》，多处涉及党务政务公开、互联网管理等方面内容，对于运用互联网做好信息公开工作，具有深远的指导意义。从中央到地方，从政务公开到便民服务，从信息单向输出到双向交流互动，信息公开的力度不断加大。随着新媒体的应用与推广，微博、微信、移动客户端等新媒体平台成为微政时代信息公开的重要渠道。在移动互联网时代，如何做好“指尖上的政务”，也给各级政府提出了新课题③。此后，信息公开步伐加快，《关于进一步加强政府信息公开回应社会关切提升政府公信力的意见》和《中共中央关于全面深化改革若干重大问题的决定》出台后，中央各部委纷纷利用

① 徐丽枝、任海伦:《我国政府信息公开的理论与实践》,《西部法学评论》2016 年第 4 期:41—50。

② 周晓英、刘莎:《情报学视角的政府信息公开——面向使用的政府信息公开》,《情报资料工作》2013 年第 2 期:5—10。

③ 南方日报评论员:《努力建设“指尖上的网上政府”》,《南方日报》2019 年 4 月 30 日第 A04 版。

互联网发声，积极进驻新媒体平台。

贯彻落实《关于进一步加强政府信息公开回应社会关切提升政府公信力的意见》要求加强信息公开，各级地方政府也是新举不断。辽宁省将开设“网络回应人”制度，在政府门户网站建立互动平台，派专人答复公众问题。广东省广州市加大“三公”经费公开力度，成为全国首个实现三级政府“三公”经费信息全面公开的城市。同时，地方政府借力微博、微信，开启“微政务时代”，亮点颇多。重庆市纪委监察局于2013年12月26日正式开通政务微信“风正巴渝”，成为第一个全国省级纪检监察机关政务微信。从2014年元旦起，贵州省政府常务会议、全省性重大活动将通过政务微博、微信公开“微直播”，微政时代信息公开效果逐渐增强。

二、信息公开行为

信息公开行为是指国家、企业、个人，或者其他主体依据法律法规、社会责任、个人意愿等方式，将掌握的个人信息或他人信息对部分人或者全部人公布的过程①。本书主要研究的是微政时代信息公开行为，由于政府部门掌握着全社会中最丰富的信息资源（约为总量的80%），其特点是：一方面，其手中信息覆盖范围更广，权威性更强；另一方面，其中涉及更多的群众利益②，长久以来，都是信息公开行为领域研究的主要对象。

微政时代信息公开行为，指行政机关以及政府部门，为了履行政府职能以及回应社会关切时，涉及的有关微政时代信息公开的范围、方式、程序、监督和保障等方面的具体行政行为。细化来讲，微政时代信息公开行为，涉及很多种方式，例如：行政机关或者信息公开组织，按照有关法律、法规，主动地实施信息公开行为，也存在着行使行政机关职权的组织或者

① 冯韬、石倩、朱晓峰、俞琰、潘芳：《公平关切视角下的微政务信息公开行为研究》，《情报理论与实践》2017年第40期：23—27。

② 崔露方、朱晓峰、赵柳榕：《大数据时代的上下级政府信息公开行为研究》，《图书馆》2017年第10期：6—12。

部门，按照社会公众的申请，而向社会公众公开其掌握的政府信息的行为。

结合微政务的时代场景，为认真贯彻党的十九届二中、三中全会精神，转变政府职能，完善公共管理体制，各级政府部门积极部署微政时代信息公开服务工作。以2018年江苏省政府信息公开工作为例，通过微政务、移动客户端平台等方式公开政府信息14149条，依照申请公开信息65件，其中，同意公开的信息26件，约占40%，由于信息不存在等原因不予公开39件，占总数60%①，针对公开信息严格把关，发展态势良好。各级政府部门利用微博、微信等新兴渠道面向民众提供信息服务并面向相关业务办理人员提供移动办理业务的需求越来越明显②。但是通过微政务模式进行信息公开的各级政府部门，行政能力参差不齐，由此涉及微政时代信息公开比例、信息公开质量等问题。

第三节　本书研究思路与主要建树

一、本书研究思路

本书以信息科学、行为科学、系统科学、心理科学等多学科为理论基础，结合微政务时代信息公开的特点，运用社会偏好理论和用户行为理论的分析框架，探析各利益主体的行为特征，根据行为特征的描述，最终确定出信息公开不同利益主体参与模式下的动力系统，以实现信息公开行为高效运行（如图1-1所示）。

---

① 江苏省统计局：《江苏省统计局2018年政府信息公开工作报告》第56页。

② 毛万磊、朱春奎：《电子治理改善政府信任的途径与策略》，《行政论坛》2017年第24期：24—29。

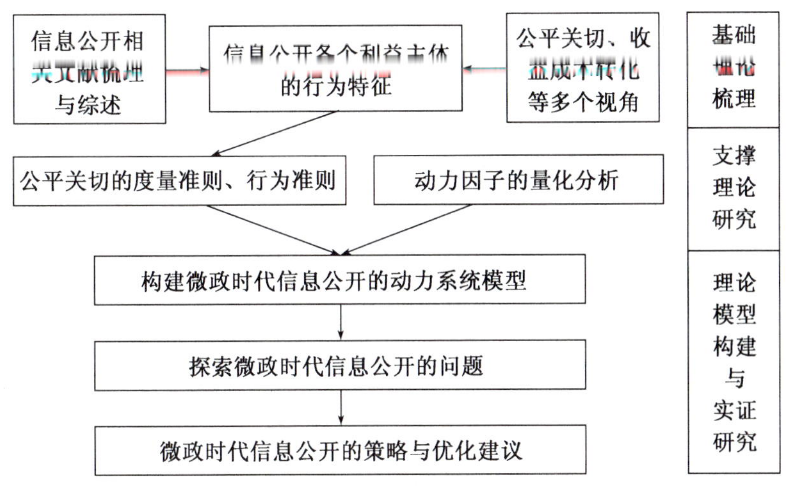

图 1-1 本书的研究思路

基于上述研究思路，本书首先通过 CiteSpace 软件对国内外信息公开的热点以及发展趋势进行可视化分析，进而得到信息公开现状的一手资料，明确了研究方向；然后，本书从公平关切、收益成本转化等多个视角研究微政时代信息公开，在对公平关切的内涵及量化方式进行充分讨论的基础上，分析信息公开各个利益主体（微政时代信息公开的供给者、使用者、管理者）的行为特征和行为规则；接着，根据不同的约束条件，探寻动力因子、构建动力系统并进行实证研究；最后，提出了微政时代信息公开服务策略与优化建议。

因此，本书主要研究了五大内容：

第一，微政时代信息公开国内外研究的可视化梳理；

第二，公平关切的界定与度量，及其对各利益主体行为的影响；

第三，量化分析微政时代信息公开的动力因子；

第四，构建微政时代信息公开动力系统模型；

第五，微政时代信息公开问题与对策研究。

综上，本书的总体框架，如图 1-2 所示。

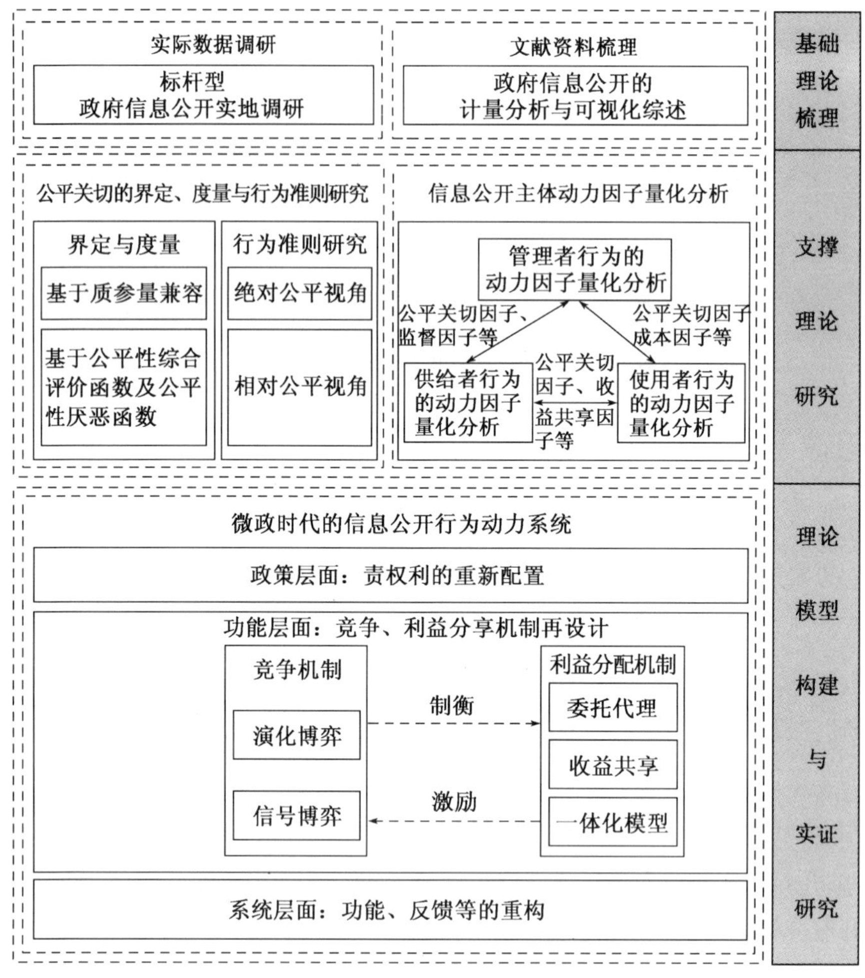

图1-2 本书的总体框架

二、主要建树

(1) 明确界定了公平关切的概念及度量准则

微政时代的信息公开服务涉及政府行为动机、策略和方法等复杂的组织行为，也涉及服务对象的需要、动机、兴趣等个体心理。因此，需要从组织行为和个体心理出发，基于公平关切的视角，采用定量方法分析和刻画信息公开服务中各利益主体(供给者、使用者、管理者)公平关切行为的特征及行为规则,正确判别他们的行为动机,才能帮助政府制定有效的服务策略,实现真正的信息公开。

因此,本书使用两种不同的表达方式,即公平关切表达式形式和公平关切系数形式,通过定性与定量相结合的方式,对公平关切的界定与度量进行探究;与此同时,融合供应链学科以及信息科学学科中对公平关切的研究,将公平关切对各利益主体行为影响的方式分为两种,即从考虑与对方收益差的角度提出合理的收益分配方案(绝对公平视角)、从双方的实力与贡献的角度提出合理的收益分配方案(相对公平视角),进而使得研究结果的适用范围更加广泛(如图 1-3 所示)。

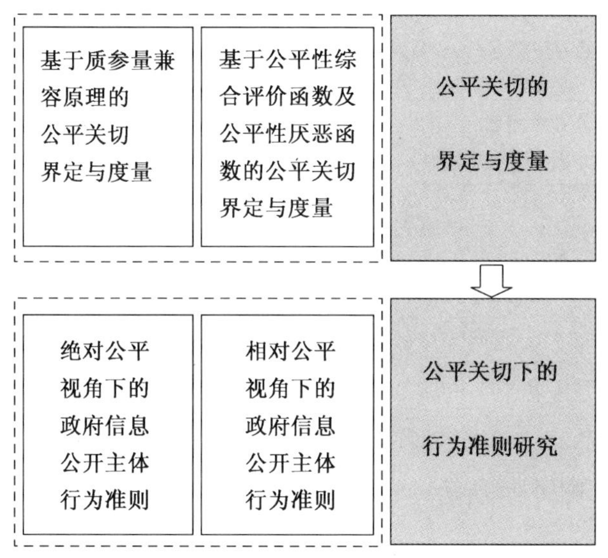

图 1-3 本书关于公平关切界定与度量、行为准则的研究框架

(2) 微政时代信息公开各主体行为动力因子的量化分析

本书研究的微政时代信息公开行为主体包括:以上级政府为代表的信息公开管理者、以下级政府为代表的信息公开供给者、以人民群众为代表的信息公开使用者。本书针对不同的利益主体,设定了不同的动力影

响因子。例如:对信息公开的管理者,设定了公平关切因子、给予信息公开供给者的财政补贴因子、在信息公开过程中投入的资本因子等;对信息公开供给者,设定了公平关切因子、信息公开程度因子、努力程度因子、管理者给予的财政补贴因子等;对信息公开使用者,设定了公平关切因子、获得公开信息的成本因子、使用者与供给者之间的收益共享因子等,并结合实证的方式,具体量化分析各动力因子对信息公开管理者、供给者、使用者行为的影响(如图 1-4 所示)。

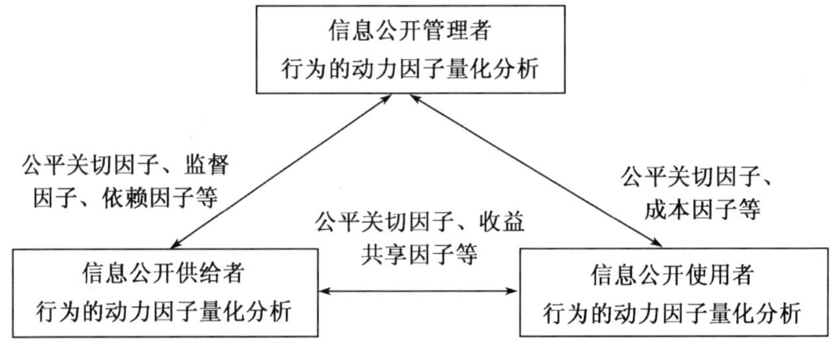

图 1-4　本书关于动力因子量化分析的研究框架

(3) 构建了微政时代信息公开各主体行为的动力系统

探究在有无公平关切的影响下,重新设计微政时代信息公开的竞争机制和利益分配机制,进而实现对各利益主体的积极性的整合,最终构建了信息公开的动力系统模型,达到了构建出完整、有效的信息公开动力系统的目的(如图 1-5 所示)。

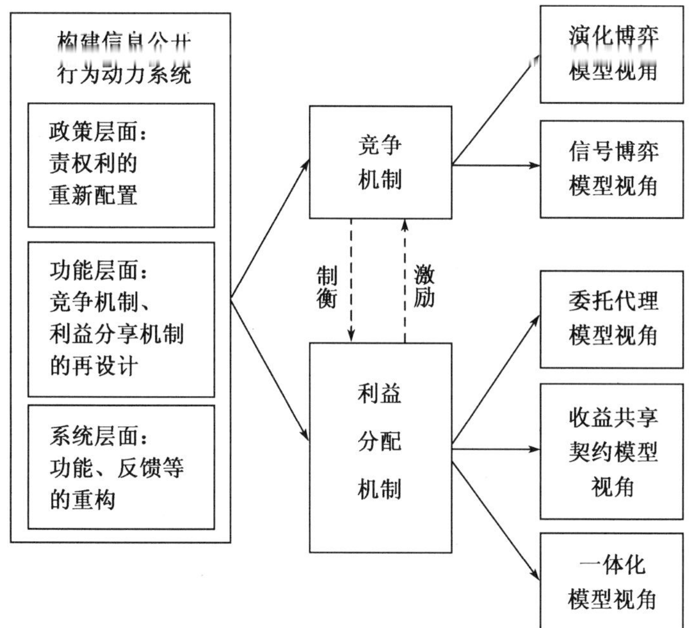

图 1－5 本书关于构建微政时代信息公开行为动力系统的研究框架

第二章 微政时代信息公开研究的脉络、流派与趋势分析

第一节 微政时代信息公开研究脉络

应用CiteSpace数据分析软件，对微政时代信息公开的研究现状，以可视化的知识图谱形式进行分析。为了保证生成图谱中信息的完整性和代表性，本书从国内研究和国外研究两个方面，对微政时代信息公开的研究现状进行梳理。首先，选取时间段为2011—2018年，分别以CNKI(中国知网)核心期刊数据库、WOS(Web of Science数据库)核心期刊数据库作为微政时代信息公开研究现状的数据来源，进行“期刊”类型数据检索，检索时间2019年7月20日。在WOS数据库中，以“access to government information”或“government information transparency”为主题词进行检索，在CNKI数据库中，以“政府信息公开”为主题进行检索。通过清洗和整理检索结果，得到WOS数据库论文1205篇，CNKI数据库论文2023篇。利用CiteSpace软件，对上述采集到的数据进行文献计量和可视化。通过定量的统计和定性的分析，构建出微政时代信息公开研究的知识结构，进而探寻出微政时代信息公开领域的研究热点，揭示出该领域研究的研究轨迹、研究现状及发展趋势。

一、微政时代信息公开的研究概况

学术论文数量的时序变化，可以作为某领域发展的一项衡量标准①。通过对文献分布做全面统计，有助于评价该领域所处的阶段、预测发展趋势和动态②。图 2-1 显示了 2011 年—2018 年 WOS、CNKI 中微政时代信息公开研究论文数量的年份分布。

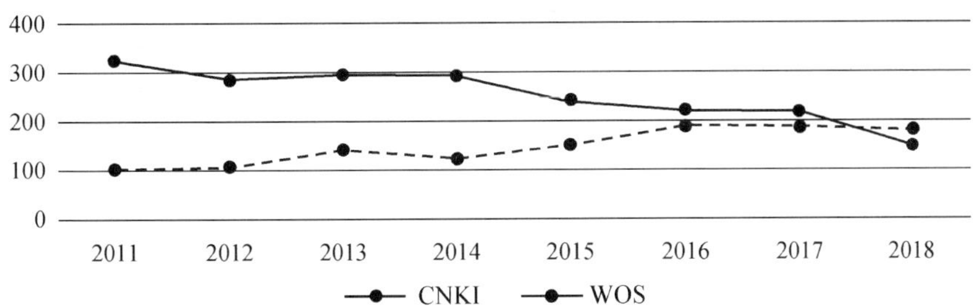

图 2-1　2011 年—2018 年 WOS、CNKI 中微政时代信息公开研究论文数量的年份分布曲线

通过统计分析，不难发现：第一，国外相关研究的整体发展态势呈现增长态势。国外的相关研究（WOS 代表的曲线）基本上逐年逐步增加，但增速平缓；国内的相关研究（CNKI 代表的曲线）呈现缓慢下降趋势。第二，国内相关研究的论文数量，基本上均高于国外同期研究论文数量。从图 2-1 中可以观察到，2011 年—2015 年国内论文的发文量均是高于国外的发文量，说明国内学者在这一时间内高度关注微政时代信息公开问题，2016 年—2018 年内，国内的发文数量与国外相近。第三，国内外微政时代信息公开研究的发展阶段并不一致。从图 2-1 中也可以看出，2011 年—2013 年是国外在该领域发展较早的起步阶段，之后的一年略微下降；从 2014 年

① 曹树金、吴育冰：《知识图谱研究的脉络、流派与趋势》，《中国图书馆学报》2015 年第 41 期：16—34。

② 邱均平、杨思洛、宋艳辉：《知识交流研究现状可视化分析》，《中国图书馆学报》2012 年第 2 期：78—89。

开始，基本处于一个缓慢上升的发展阶段，至今仍在上升阶段。对于国内微政时代信息公开研究而言，2011 年—2018 年国内相关研究呈现逐步放缓的趋势。2016 年之后，国内外文献数量基本保持在同一水平线。而自 2017 年始，国内外研究呈两极发展趋势，国外迎来新的一波成果产出，而国内研究数量进一步下降。由此看来，微政时代信息公开研究经历了从研究数量到研究质量的转化。所以对于国内而言，保持对微政时代信息公开的研究关注度，并且结合更多的角度深入探究将大有裨益。

二、微政时代信息公开的研究热点

对高频关键词网络图的分析，有助于探索领域内热点的交互与关联①。如图 2 - 2、2 - 3 所示，各色圆环标识为高共被引文献聚类节点，表

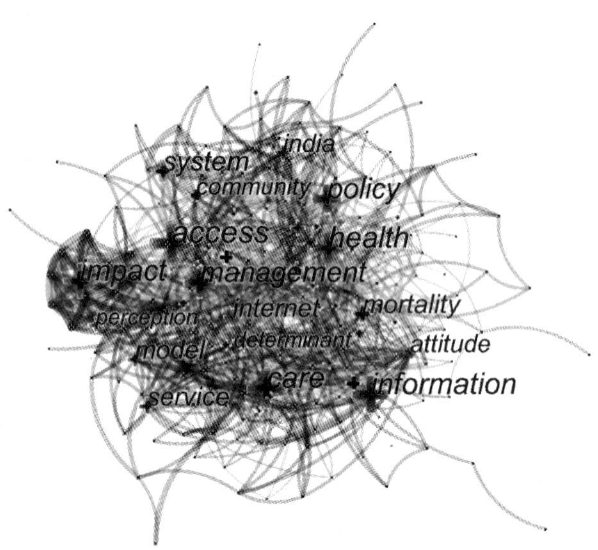

图 2 - 2 基于 WOS 的国外微政时代信息公开研究论文高频关键词网络图

① 朱晓峰、崔露方、陆敬筠:《国内外政府信息公开研究的脉络、流派与趋势——基于 WOS 与 CNKI 期刊论文的计量与可视化》,《现代情报》2016 年第 36 期: 141—148。

示微政时代信息公开的热点，节点颜色、厚度、大小分别反映研究年代、被引次数和研究数量。本书通过对国内外微政时代信息公开的相关研究进行共现网络分析，揭示微政时代信息公开近年来研究热点。

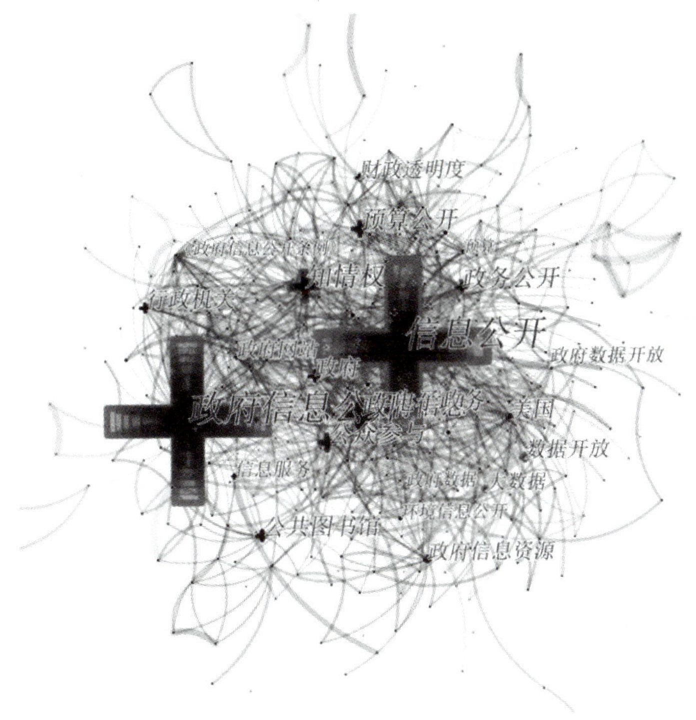

图 2-3　基于 CNKI 的国内微政时代信息公开研究论文高频关键词网络图

由国外微政时代信息公开高频关键词网络图(图 2-2)可知：information(信息)、model(模型)、management(管理)、policy(政策)、system(系统)、health(健康)是国外微政时代信息公开领域相关研究的核心关键词，上述核心关键词与其他关键词之间有最强的联系，充分表明这些热门关键词是国外微政时代信息公开研究的核心内容。

一方面，国外学者擅长利用各种模型对微政时代信息公开问题进行研究。例如：James O Chipperfield 对社会福利政策公开的信息进行统计，并使用线性模型来推理信息披露的过程①；Hennessy 等利用激励参与模型，研究了不同规模数量主体参与纳什均衡的情况，也研究了政府补贴在微政时代信息公开方面的作用②。

另一方面，国外微政时代信息公开研究也包括政策的制定，并着重将制定出的政策形成一个较为完善的政策系统，进而对政府政策的执行进行监督。以公众健康问题的政府政策研究以及政府行为研究为例，Hardt，Karin 等研究了健康组织关于"疫苗"等有关公众健康安全的信息公开问题，研究表明：此类信息的公开应该同时兼顾公众需求和政府政策，最终才能达到一个最为优化的结果③。

除了高频关键词之外，governance（治理）、e-government（电子政务）、transparency（透明）、climate change（气候变化）、perspective（观点、角度）、behavior（行为）、open data（数据开放）等也是国外微政时代信息公开领域研究较为关键的主题词，并且与其他关键词有较强的联系，说明这些关键词也是国外微政时代信息公开研究较为重要的内容。一方面，电子政务始终是国外微政时代信息公开的重要途径之一，公众参与形式可以增加政府信息的透明化④，例如，Nurunnabi 着重研究了在气候变化

① James O Chipperfield，"Disclosure-protected inference using generalized linear models，" *International Statistical Review* 82，No. 3 (2014)：371—391.

② Wang Tong，and David A. Hennessy，"Modelling interdependent participation incentives：dynamics of a voluntary livestock disease control program，" *European Review of Agricultural Economics* 44，No. 4 (2014)：681—706.

③ Karin and Hardt，Paolo Bonanni，"Vaccine strategies：Optimizing outcomes，" *Vaccine* 34，No. 52 (2016)：6691—6699.

④ Paola Mosconi，"Open-access clinical trial registries：the Italian scenario，" *Trials* 13，No. 194 (2012)：111—121.

信息公开中政府能够起到的作用①；另一方面，国外微政时代信息公开研究比较关注从不同的视点、角度来研究信息公开问题，例如 Sandoval Almazan 认为应该从整体、全面的角度对微政时代信息公开流程和宪章进行重新设计和修改②，Seok 从信息系统视角探究了政府网站在产品召回信息方面的公开过程③等。

由 CNKI 中高频关键词网络图（图 2-3）中可以发现：首先，“政府信息公开”“政府信息”“信息公开”为国内微政时代信息公开研究的核心关键词。其次，“知情权”“电子政务”“公共图书馆”“档案开放”为出现频次较多的关键词，说明我国微政时代信息公开研究主要集中在这些领域。最后，“大数据”“地方政府”“具体行政行为”等关键词也逐渐进入微政时代信息公开研究的领域。在大数据与微政时代信息公开方面，众多学者均认为已有法律制度无法适应大数据环境下信息公开工作。因此，罗勇对大数据环境下我国政府现有信息公开制度进行了分析④；吕小刚研究了大数据视角下的政府信息公开实施现状⑤；张毅菁对我国大数据环境下政府信息公开的广度、深度和速度进行了分析，并对我国信息公开立法

---

① Mohammad Nurunnabi, “Who cares about climate change reporting in developing countries? The market response to, and corporate accountability for, climate change in Bangladesh,” *Environment Development And Sustainability* 18, No. 1 (2006): 157—186.

② Sandoval-Almazan and Gil-Garcia Ramon, “Toward an integrative assessment of open government: Proposing conceptual lenses and practical components,” *Journal of Consumer Policy Studies* 26, No. 1 (2016): 170—192.

③ Ji Kwang Seok, “How to improve Government websites on product recall Information: Analysis using a perspective of information systems,” *Journal of Consumer Policy Studies* 44, No. 2 (2013): 97—123.

④ 罗勇：《大数据背景下政府信息公开制度的中日比较——以“知情权”为视角》，《重庆大学学报（社会科学版）》2017 年第 1 期：86—93。

⑤ 吕小刚：《大数据视角下看政府数据开放》，《辽宁行政学院》2015 年第 9 期：24—27。

工作进行了详细研究①;栗燕杰认为需要将法律制度完善提上日程②;朱作鑫认为需要推进制度工作③。在地方政府与信息公开方面,李晓燕分析了地方政府信息公开的运行机制的系统动力④,王芳等构建了地方政府的信息公开能力的评价体系⑤,肖振伟认为必须加强地方政府应对群体事件能力建设⑥。在微政时代信息公开的具体行政行为方面,姜笑君等探讨了"微政务"的大环境下,地方政府的具体行为以及应对措施⑦,王卉分析了新媒体情况下地方政府应对信息公开所面临的挑战以及应对行为⑧。

对于主题词的计量指标,可挖掘的视角能够扩展到频次(Freq)、中介中心性(Centrality)、年代(Year)以及半衰期(Half-life)等。本书统计所得 WOS 主题词的相关计量指标,具体如表 2-1 所示。

---

① 张毅菁:《大数据对我国政府信息公开立法修改的启示》,《图书情报工作》2013 年第 57 期:48—51。

② 栗燕杰:《大数据背景下的政府信息公开法律制度完善研究》,《重庆邮电大学学报(社会科学版)》2016 年第 6 期:38—43。

③ 朱作鑫:《大数据视野下的政府信息公开制度建设》,《中国发展观察》2015 年第 9 期:86—89。

④ 李晓燕:《地方政府信息公开运行机制的系统动力学分析》,《学术论坛》2014 年第 2 期:40—43。

⑤ 王芳、王向女:《地方政府网站信息公开能力评价指标体系的构建与应用》,《情报科学》2011 年第 3 期:406—411。

⑥ 肖振伟:《群体性事件与加强地方政府应对能力建设——基于政府信息公开的视角》,《法制博览》2017 年第 1 期:124—125。

⑦ 姜笑君、刘钰潭:《地方政府"微政务"平台运营的问题与对策》,《新闻研究导刊》2016 年第 3 期:1—2。

⑧ 王卉:《新媒体环境下地方政府管理的挑战与创新》,《福建省社会主义学院学报》2013 年第 1 期:80—83。

表 2-1　国外微政时代信息公开主题数据统计(基于 WOS)

主题词 (Term)	频次 (Freq)	中介中心性 (Centrality)	半衰期 (Half-life)	年代 (Year)
access	99	0.05	5	2011
care	87	0.01	4	2011
health	83	0.06	5	2011
information	82	0.17	5	2011
impact	77	0.11	4	2011
management	75	0.07	4	2011
policy	73	0.07	4	2011
system	55	0.07	4	2011
Internet	46	0.05	5	2011
mortality	43	0.02	4	2011

如表 2-1 所示,频次是指主题词出现的次数,中介中心性代表主题词在整个共现网络关系中媒介者的能力强度①,半衰期则是用来描述引文(文献)老化程度,半衰期越大,显示引文的有效价值越大。

因此,从主题词频次的角度而言,access(99)、care(87)、health(83)位列前三,表明国外微政时代信息公开领域研究集中于医疗健康等方面的信息公开研究,如 Pansieri, Claudia 在研究中呼吁政府向大众公布临床药物的测试结果,以降低病人的安全风险,并且提倡更加有监督的临床试验,提高研究的透明度②;从中心性的角度而言,information(0.17)、impact(0.11)中心性均大于 0.1,属于高中心性研究主题,说明社交媒体对

① 顾理平、范海潮:《网络隐私问题十年研究的学术场域——基于 CiteSpace 可视化科学知识图谱分析(2008—2017)》,《新闻与传播研究》2018 年第 25 期:57—73。

② Claudia Pansieri, "The evolution in registration of clinical trials: a chronicle of the historical calls and current initiatives promoting transparency," *European Journal of Clinical Pharmacology* 71, No. 10 (2015): 1159—1164.

传统信息公开影响较大，如 Depaula N 等①基于内容分析法，对 Facebook 信息进行分析，探讨了地方政府部门在社交媒体平台上沟通的常见模式，形成印象管理；从半衰期的角度而言，具有较长时间影响价值的研究主题多集中于 access(5)、health(5)、information(5)、Internet(5)，说明网络的发展拓宽了信息的获取路径，如 Helm，Janet 等学者发现社会化媒体增加了营养师们与顾客的沟通渠道，也使得顾客的健康信息暴露在了网络中，所以，营养师要注意确保自己的网络信息公开行为是否会泄露顾客的健康信息问题②；从年代视角而言，高频关键词均分布在 2011 年，可知 2011 年是国外微政时代信息公开研究发展最重要的核心年份。

对 CNKI 主题进行指标计量，所得主题词的相关计量指标，如表 2－2 所示。

表 2－2　国内微政时代信息公开主题数据统计(基于 CNKI)

主题词 (Term)	频次 (Freq)	中介中心性 (Centrality)	半衰期 (Half-life)	年代 (Year)
信息公开	401	0.63	3	2011
政府信息公开	381	0.53	3	2011
政府信息	89	0.11	1	2011
知情权	86	0.23	2	2011
预算公开	57	0.06	2	2011

① Depaula N and Dincelli E, "An Empirical Analysis of Local Government Social Media Communication: Models of E-government Interactivity and Public Relations"(International Digital Government Research Conference on Digital Government Research, ACM, 2016: 384—356).

② Janet Helm, "Practice Paper of the Academy of Nutrition and Dietetics: Social Media and the Dietetics Practitioner: Opportunities, Challenges, and Best Practices," *Journal Of The Academy Of Nutrition And Dietetics* 116, No. 11 (2016): 1825—1835.

（续表）

主题词 （Term）	频次 （Freq）	中介中心性 （Centrality）	半衰期 （Half-life）	年代 （Year）
公众参与	54	0.13	3	2011
政务公开	50	0.11	4	2011
电子政务	45	0.04	3	2011
公共图书馆	44	0.04	1	2011
数据开放	29	0.04	1	2014

由表 2－2 可知，无论是从主题词频次、中心性还是从半衰期角度而言，信息公开（401/0.63/3）、政府信息公开（381/0.53/3）均位列前二，说明微政时代信息公开早已成为学者的研究热点。朱红灿等运用定性方法对比国内外政府信息公开的制度、内容、方式、技术等方面的差异①、朱晓峰等运用定量方法可视化综述政府信息公开研究②，这些研究均表明微政时代信息公开研究内容颇多、涉及面广，是理论界的研究热点与焦点。从年代视角而言，高频关键词也均在 2011 年，说明 2011 年也是国内微政时代信息公开研究发展的最重要年份。与国外研究不同的是，随着大数据时代的到来，张毅清认为数据开放要求政府更加注重信息收集、公布、开放与运用，2014 年开始，国内相关研究迅速转向政府数据开放③。

---

①　朱红灿、邹凯：《国内外政府信息公开研究综述》，《图书情报工作》2011 年第 55 期：120—124。

②　朱晓峰、崔露方、陆敬筠：《国内外政府信息公开研究的脉络、流派与趋势——基于 WOS 与 CNKI 期刊论文的计量与可视化》，《现代情报》2016 年第 36 期：141—148。

③　张毅菁：《从信息公开到数据开放的全球实践——兼论上海建设“政府数据服务网”的启示》，《情报杂志》2014 年第 33 期：175—178，183。

第二节　微政时代信息公开相关研究流派、前沿与趋势

一、微政时代信息公开的研究流派

微政时代信息公开领域的不同热点会形成相应的研究流派，对高频关键词进行聚类有助于对核心流派的研究，具体如图 2－4、2－5 所示。

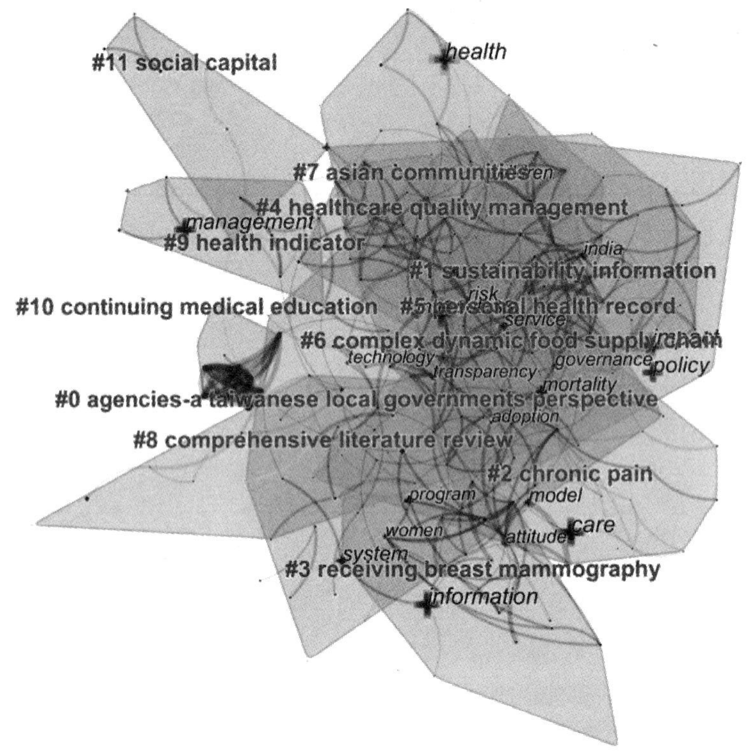

图 2－4　基于 WOS 的国外微政时代信息公开研究流派

由图 2－4 可知，国外微政时代信息公开研究流派包括的主要内容有：sustainability information（可持续性信息）、chronic pain（慢性疼痛）、

healthcare quality management（医疗质量管理）、personal health record（个人健康记录）等，说明国外微政时代信息公开的研究流派，主要聚焦于医疗信息公开管理工作①②。

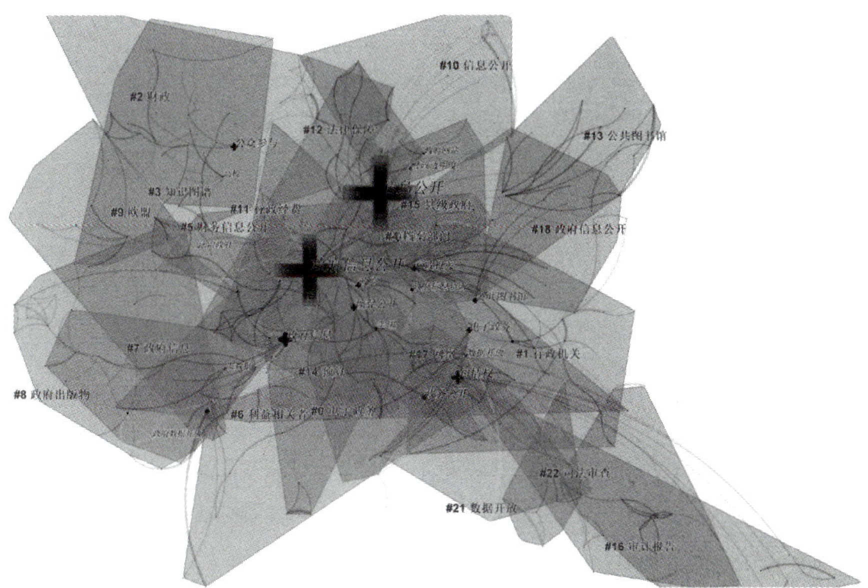

图 2－5　基于 CNKI 的国内微政时代信息公开研究流派

国内微政时代信息公开研究流派包含的主要研究内容有：电子政务、公共图书馆、法律保障、政府信息、利益相关者、财政等，说明国内微政时

① Charalabidis, Alexopoulos and Loukis, "A taxonomy of open government data research areas and topics," *Journal of Organizational Computing and Electronic Commerce* 26 (2016): 41—63.

② Kamali Sudabeh, Ahmadian Leila, Khajouei Reza and Bahaadinbeigy Kambiz, "Health information needs of pregnant women: information sources, motives and barriers," *Health information and libraries journal* 35, No. 1 (2018): 24—37.

代信息公开的研究流派侧重于信息公开方式①及激励机制的构建②③。

二、微政时代信息公开的研究前沿

关键词突发性图谱展示了某一主题或者文献的被引频次，在一时间段内出现的突增或突减情况。通过绘制重点关键词突显图谱，能够较好地把握该领域的研究前沿。因此，本书在 WOS 和 CNKI 数据库中选取了重点关键词强度最强的主题词各 9 个，以窥探微政时代信息公开的研究前沿(图 2－6，2－7)。

Keywords	Year	Strength	Begin	End	2011—2018
physican	2011	2.4791	**2011**	2012	
healthcare	2011	2.866	**2011**	2012	
patient	2011	2.866	**2011**	2012	
e-government	2011	3.3564	**2011**	2013	
performance	2011	4.1567	**2011**	2014	
ethics	2011	2.866	**2011**	2012	
people	2011	2.2709	**2011**	2013	
digital divide	2011	3.7931	**2011**	2013	
behavior	2011	2.6737	**2012**	2015	

图 2－6　基于 WOS 的国外微政时代信息公开研究前沿

由图 2－6 可知，国外微政时代信息公开研究的重点突显词集中于 performance(4.1567)、digital divide(3.7931)、e-government(3.3546)，

① 崔露方、朱晓峰、赵柳榕：《大数据时代的上下级政府信息公开行为研究》，《图书馆》2017 年第 10 期：6—12。

② 朱晓峰、程琳、蒋海玲：《公平偏好下微政务信息公开的动力模型构建与实证分析》，《情报理论与实践》2018 年第 41 期：82—86。

③ 朱晓峰、叶许婷、张琳：《"三微一端"政务信息服务的动态激励机制研究——基于声誉效应》，《现代情报》2019 年第 39 期：86—92，110。

三个词汇均在 2011 年突显，持续两三年后逐渐消失，说明这三个词汇为当时研究前沿。另外，behavior(2.0737)的突显表明 2012 年开始，"微政时代信息公开行为"研究成为当时信息公开研究的热点，例如 Kim Byoungsoo以 Facebook 为例，以暴露隐私的行为为成本、以行为诱惑为收益，建立成本效益模型框架，探究了社交化媒体用户在网络中的信息公开行为的利弊①，为信息公开行为激励机制的构建提供建议。

Keywords	Year	Strength	Begin	End	2011—2018
档案信息	2011	3.991	**2011**	2013	▬▬▬▂▂▂▂▂
中国	2011	2.3549	**2011**	2012	▬▬▂▂▂▂▂▂
增值利用	2011	2.3549	**2011**	2012	▬▬▂▂▂▂▂▂
对策	2011	2.2105	**2011**	2012	▬▬▂▂▂▂▂▂
监督	2011	2.5392	**2011**	2012	▬▬▂▂▂▂▂▂
公共图书馆	2011	6.244	**2011**	2012	▬▬▂▂▂▂▂▂
制度建设	2011	2.376	**2012**	2014	▂▬▬▬▂▂▂▂
政府信息资源	2011	4.5659	**2012**	2013	▂▬▬▂▂▂▂▂
服务型政府	2011	2.4285	**2013**	2014	▂▂▬▬▂▂▂▂

图 2-7　基于 CNKI 的国内微政时代信息公开研究前沿

由图 2-7 可知，国内微政时代信息公开研究的重点突显词集中于公共图书馆(6.2)、政府信息资源(4.5)、档案信息(3.9)以及服务型政府(2.4)。其中，"公共图书馆"和"政府信息资源"具有较大的影响力。早期，公共图书馆为公众提供全面权威的政府信息充分发挥自身优势，反映了图书馆是微政时代信息公开重要场所之一，正如王欣所言，把政府信息纳

① Byoungsoo Kim, "How are people enticed to disclose personal information despite privacy concerns in social network sites? The calculus between benefit and cost," *Journal Of The Association For Information Science And Technology* 66, No. 4 (2015): 839—857.

入图书馆信息整合体系，优化信息资源结构是政府信息服务的重要途径[①]。政府信息资源的公开与共享是社会进步的标志，也是大数据时代下社会发展的必然结果。因此，武宗锋从动力机制、政府运行机制、技术运行机制及用户运行机制四个层面对政府信息资源共享机制进行探讨[②]。

三、微政时代信息公开的研究趋势

微政时代信息公开的研究趋势包括两个方面：一个方面是主题词的演化轨迹，另一个方面是知识群的演化轨迹。前者反映了研究热点随时间变化的趋势，后者则反映了各研究流派内在知识群随时间演化的轨迹。

（一）微政时代信息公开主题变迁轨迹

通过微政时代信息公开高频关键词的时区图，展现该研究的主题变迁轨迹，可以反映不同时区内微政时代信息公开研究热点的分布与学术主题的演化趋势（如图 2－8、图 2－9 所示）。

从国外微政时代信息公开高频关键词的时区图（图 2－8）可知，国外微政时代信息公开研究主题的演变趋势，呈现出多极化发展、迎合贴近实际发展的趋势。具体而言，可以将国外微政时代信息公开研究的演变过程，划分为 3 个阶段：

第一阶段，2011 年—2012 年，相对而言微政时代信息公开的研究比较基础，同时也为后续阶段的研究奠定了发展基石。在本阶段中，国外学者首先在如何应用模型、选取什么样的研究角度对政府行为等方面进行了探讨；其次，探究了在微政时代信息公开制定各项政策之后，如何通过

① 王欣：《高校图书馆开展政府信息服务的思考》，《江汉大学学报（社会科学版）》2011 年第 28 期：77—79。

② 武宗锋：《电子政务环境下政府信息资源共享运行机制探析》，《图书馆学研究》2012 年第 17 期：56—58。

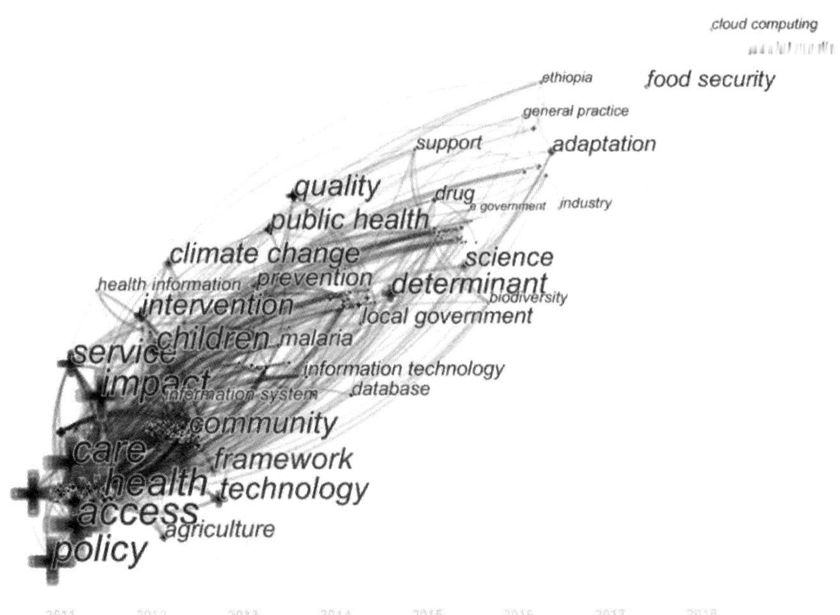

图 2－8　国外微政时代信息公开主题词变迁轨迹(基于 WOS)

各地方政府的管制确保这些政策落实，如何对微政时代信息公开的实施进行问责；最后，由于电子政务是国外信息公开的重要途径，因此，如何利用电子政务推动公众参与，是否应该公开个人信息，政府如何均衡公众对电子政务网站的信任与风险感知的问题①，都成为当时的研究热点。

第二阶段，2013 年—2014 年，微政时代信息公开的研究获得了更大的进展。基于已有的理论基础，相关研究更加注重设计和构建微政时代信息公开的主要框架，针对不同的受众群体，设计不同的信息公开规模和内容。例如，对于儿童受众群体，Martin A Kotler 认为政府应该将针对

① Ardion Beldad, "Shall I Tell You Where I Live and Who I Am? Factors Influencing the Behavioral Intention to Disclose Personal Data for Online Government Transactions," *International Journal of Human-computer Interaction* 28, No. 3 (2012): 163—177.

残疾儿童教育的政府规章制度、法律条文公布于众，使残疾儿童能真正享受到国家的福利[①]。在此阶段，开始从企业社会责任角度探讨信息公开问题。例如，Cuadrado-Ballesteros 探究了企业在社会环境问题中面对政府和媒体双重压力时表现出的行为特征[②]，Bonson 讨论了如何通过一套符合社会责任的评价指标，评价企业的公开信息[③]。

第三阶段，2015 年—2018 年，研究更加注重实证，也更加聚焦，相关研究主要为两个层面：首先，梳理各类数据、信息、知识，挖掘彼此的关系，对微政时代信息公开过程进行实证分析、验证，得出更加符合现实情况的结论与建议。例如，Chatfield，Akemi Takeoka 从开放数据的准备以及开放数据格式多样性等方面进行实证研究，评价澳大利亚 20 个地方政府网站公开信息的能力，从而为地方政府的信息公开工作提供了参考[④]。其次，对微政时代信息公开过程进行实证研究之后，聚焦特定行业特定领域（如能源行业、环境保护领域等）进行深入研究。例如，Hidenori Nakamura等学者，以日本福岛为例，探究了微政时代信息公开与能源、环境的关系[⑤]，Karen Palmer 等学者通过审查信息公开基准和披露条例，试

---

① Martin A. Kotler, "Distrust and disclosure in special education law," *Penn State Law Review* 119, No. 2 (2014): 485.

② Beatriz Cuadrado-Ballesteros, "The role of media pressure on the disclosure of sustainability information by local governments," *Online Information Review* 38, No. 1 (2014): 114—135.

③ Enrique Bonson, "A set of metrics to assess stakeholder engagement and social legitimacy on a corporate Facebook page," *Online Information Review* 37, No. 5 (2013): 787—803.

④ Akemi Takeoka Chatfield, "A longitudinal cross-sector analysis of open data portal service capability: The case of Australian local governments," *Government Information Quarterly* 34, No. 5 (2016): 123—128.

⑤ Hidenori Nakamura, "Political and environmental attitude toward participatory energy and environmental governance: A survey in post-Fukushima Japan," *Journal of Environmental Management* 201 (2017): 190—198.

图利用信息公开缩小已有的能效差距①等。

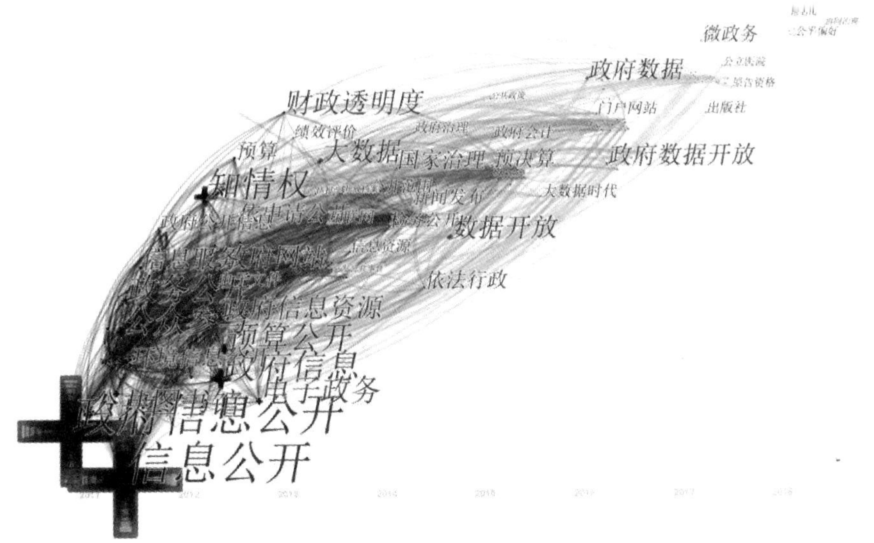

图 2-9　国内微政时代信息公开主题词变迁轨迹(基于 CNKI)

从国内微政时代信息公开高频关键词的时区图(图 2-9)可知,相关研究主题也在不断地变换。国内微政时代信息公开研究的演变,也可以分为三个阶段:

第一阶段,2011 年—2012 年,属于一般性理论研究阶段,主要涵盖了三个方面的研究:第一个方面,主要是关于公众知情权的研究。研究表明,为了满足公众的知情权,必须制定出允许公众在国家档案馆、图书馆等查询信息的规定,确保实现公众参与信息公开的目标。随着研究的开展,研究重点逐渐从“公众参与”过渡到对“公众利益”的研究。第二个方面,开始倡导建立“透明政府”,研究如何应用电子政务来推进信息公开的

① Karen Palmer, “Using information to close the energy efficiency gap: a review of benchmarking and disclosure ordinances,” *Energy Efficiency* 10, No. 3 (2017): 673—691.

问题[①]。例如，贾君枝等对山西省各市政府网站的信息公开状况进行实地调查及网站分析，通过对比的方式得到山西省信息公开的现状和公开水平，并提出建议[②]；类似的，王筱俊等探讨了湖南省信息公开存在的问题及对策建议[③]。这些研究，规范了微政时代信息公开主体的具体行政行为。正如韦付萍在构建我国政府信息公开救济制度时讨论的——为了保证公众获得信息的权利免受侵害，政府应该采取何种行政手段[④]。第三个方面，微政时代信息公开法制建设研究。例如，闫霏对国内外政府信息公开法律体系进行了比较研究[⑤]；李云驰对英美两国微政时代的信息公开立法进行了对比研究[⑥]；王灿发研究了我国环境信息公开立法现状、面临的问题和挑战[⑦]；刘毅等探讨了政府网站中依申请公开的实现载体[⑧]；李鹏也提出了地方政府网站依法申请公开的发展思路与建议[⑨]。

第二阶段，2013 年—2014 年，由于大数据等新兴技术的出现，极大地推动了微政时代信息公开的发展，信息公开也进入了大数据时代，研究主

① 罗贤春：《电子政务隐性信息资源社会化共享过程及模型》，《图书馆理论与实践》2011 年第 9 期：21—24。

② 贾君枝、武晓宇、闫晓美：《山西省政府网站信息公开状况分析》，《图书情报工作》2012 年第 7 期：125—130。

③ 王筱俊、陈能华：《湖南省政府信息公开存在的问题及对策研究》，《电子政务》2012 年第 2 期：85—91。

④ 韦付萍：《完善我国政府信息公开救济制度的几点思考》，《理论导刊》2012 年第 2 期：33—34。

⑤ 闫霏：《国内外政府信息公开法律体系比较研究》，《情报科学》2012 年第 3 期：454—457。

⑥ 李云驰：《美国、英国政府信息公开立法的比较与借鉴》，《国家行政学院学报》2012 年第 3 期：103—106。

⑦ 王灿发：《我国环境信息公开立法及面临的挑战》，《环境保护》2012 年第 11 期：22—23。

⑧ 刘毅、马永驰、卢小君、李鹏：《政府网站依申请公开的实现载体及发展路径》，《学术论坛》2012 年第 11 期：44—46。

⑨ 李鹏：《地方政府网站依申请公开的发展思路及建议》，《长白学刊》2012 年第 4 期：59—61。

要包括:(1) 大数据时代信息公开制度建设。例如:沈亚平等认为大数据时代的到来,使得便于公众互动的信息公开制度成为大势所趋,应该从制度框架方面和运行载体方面,对信息公开平台进行重新规划①;张毅菁则分析大数据对我国信息公开立法的影响②。(2) 由于信息不对称带来了政府公信力的问题,从而提出了要建设透明政府,做到财政透明。在财政透明方面,可以发现在 2008 年,裴学中发表在“财政监督”杂志上的文章《关于财政与编制政务公开网并入政府门户网建设的思考》,是最早出现信息公开与财政关系的文献,这篇文献为微政时代信息公开与财政透明之间的研究提供了一系列的思考③。(3) 档案馆与微政时代信息公开建设。学者们主要探讨了如何借助档案部门优势做好微政时代信息公开建设④,以及档案馆/图书馆在微政时代信息公开服务过程中的比较分析⑤等。

第三阶段,2015 年—2018 年,研究方法偏重实证研究,主题衍生更加明显。首先,微政时代信息公开更加注重定量研究,例如朱晓峰等选取 2006—2015 年间 WOS、CNKI 中以政府信息公开为主题词的期刊论文,以文献计量为理论依据,以 CiteSpace 为数据分析和可视化工具,开展定

---

① 沈亚平、许博雅:《“大数据”时代政府数据开放制度建设路径研究》,《四川大学学报(哲学社会科学版)》2014 年第 5 期:111—118。

② 张毅菁:《大数据对我国政府信息公开立法修改的启示》,《图书情报工作》2013 年第 1 期:48—51。

③ 裴学中:《关于财政与编制政务公开网并入政府门户网建设的思考》,《财政监督》2008 年第 7 期:52—53。

④ 韩晓莉:《综合档案馆应进一步加强政府信息公开查阅中心建设》,《山东档案》2013 年第 3 期:19—21。

⑤ 刘紫霞:《档案馆与图书馆服务比较研究文献综述》,《学理论》2013 年第 33 期:204—205。

量研究①;王益民等为了探寻电子政务大环境下信息公开的发展,通过理论与实证分析的方式,探究互联网发展对信息公开影响②。其次,微政时代信息公开更加强调对具体行为规范的研究,例如:王锐兰对信息公开过程中自由裁量权与嵌入标准化制度研究进行了补充和说明③等;刘思琪从"财政透明"的角度推进微政时代信息公开,实现政府的转型,同时提高政府效能④;张宝生等发现,微政务的出现使得政民沟通交互性增强,同时也带来了应接不暇的"网络舆情"任务⑤。

(二)微政时代信息公开知识群变迁轨迹

微政时代信息公开研究流派的内在知识群,反映了不同时区内研究流派内涵的演化历程。如图 2-10、图 2-11 所示,本书对国内外微政时代信息公开的已有研究流派进行深入组织,得到聚类以及聚类子知识群的发展脉络,通过某个聚类的第一篇研究论文表明"开始出现"、该聚类研究论文数量的变化表明"成果增多"或者"研究趋冷"。

由图 2-10 可知,国外近年来关于微政时代信息公开的相关研究大致形成了 11 个知识群。其中,热点知识群(实线)始终保持火热,如 qualitative analysis(定量分析)、ehealth(电子健康);一些知识群于特定年限逐渐趋冷(实线渐进为虚线),如 United States(美国)、open government

① 朱晓峰、崔露方、陆敬筠:《国内外政府信息公开研究的脉络、流派与趋势——基于 WOS 与 CNKI 期刊论文的计量与可视化》,《现代情报》2016 年第 36 期:141—148。

② 王益民、刘密霞:《电子政务环境下的政府信息公开与电子参与的相关性研究》,《情报理论与实践》2016 年第 10 期:31—35。

③ 王锐兰:《政府信息公开、自由裁量权与标准化制度嵌入》,《探索》2017 年第 1 期:79—84。

④ 刘思琪:《全面推进政府信息公开,构建法治政府》,《商》2015 年第 26 期:218。

⑤ 张宝生、祁晓婷:《基于危机过程管理视角的地方政府网络舆情导控能力评价研究》,《现代情报》2018 年第 38 期:24—31,56。

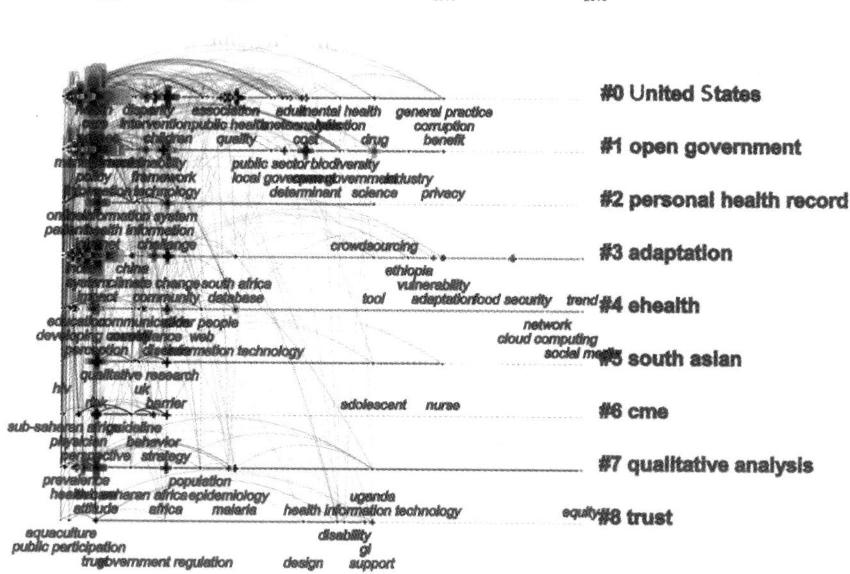

图 2-10 基于 WOS 的国外微政时代信息公开知识群变迁轨迹

（政务公开）、personal health record（个人健康管理系统）。

United States（美国）的核心主题词变迁轨迹为 care（护理）、public health（公共健康）、general practice（普通诊疗）等，说明美国微政时代信息公开在电子医疗保健领域研究甚多，如 Jane Williams① 等学者探讨了将医药企业的利益冲突信息进行信息公开的行为，是否违反了隐私权等。

open government（政务公开）的核心主题词变迁轨迹为 policy（政策）、framework（框架体系）、open governmen（政府开放）、information（信息）等，说明微政时代信息公开被重视并逐步完善。其中 Valentina Janev② 运用关联数据方法，对政府数据信息进行整合，并推进信息公开

① Jane Williams, "Should disclosure of conflicts of interest in medicine be made public? Medical students' views," *Medical Education* 51, No. 12 (2017): 1232—1240.

② Janev V, Mijović V and Sanja V, "Using the Linked Data Approach in European e-Government Systems: Example from Serbia," *International Journal on Semantic Web and Information Systems* 14, No. 2 (2018): 27—46.

法律制度的完善与实施，实现政策预测与监督。

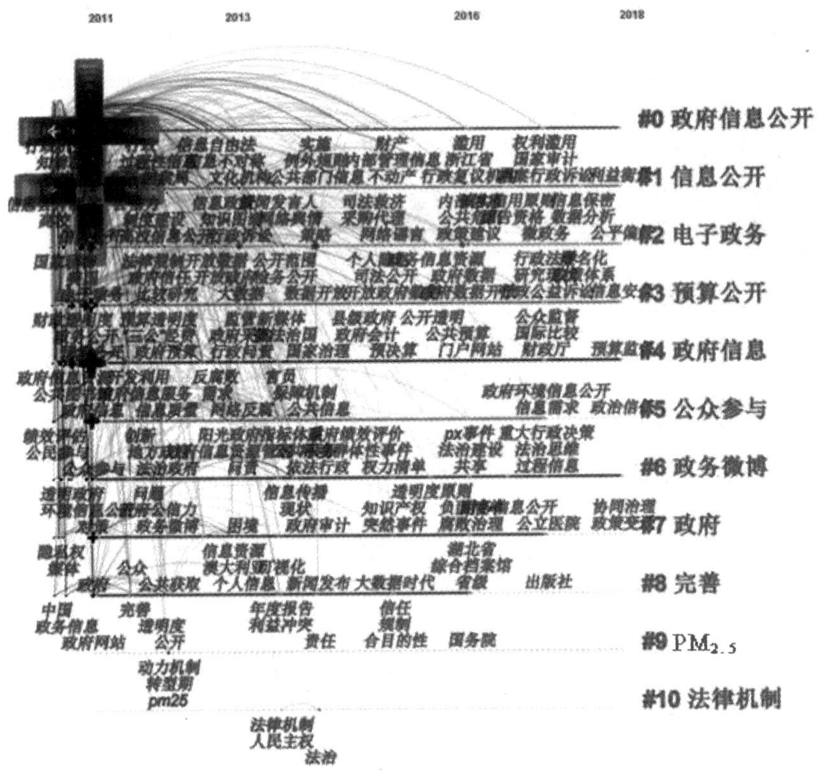

图 2-11　基于 CNKI 的国内微政时代信息公开知识群变迁轨迹

personal health record（个人健康管理系统）的核心主题词变迁轨迹为 online patient（线上病人）、information system（信息系统）、health information（健康信息）等，说明政府信息结合网络媒体，多集中应用于公众健康与大众风险意识，如 Tursunbayeva A 等①试图从四个国际研究数据库和灰色文献中调查公共部门卫生组织，并对相关证据进行获取、分

① Tursunbayeva A, Franco M and Pagliari C, "Use of social media for e-Government in the public health sector: A systematic review of published studies," *Government Information Quarterly* 34, No. 2 (2017): 270—282.

选、评价和综合，帮助公众通过社交媒体了解安全卫生知识。

由图 2 - 11 可知，国内近年来微政时代信息公开的相关研究大致形成了 9 个知识群，核心知识群有“政府信息公开”、“信息公开”以及“电子政务”。微政时代信息公开的核心主题词变迁轨迹为公共部门信息、信息不对称、利益权衡等，说明公共部门在信息公开过程中，由于部门间的利益权衡，存在信息不对称的现象，如朱晓峰等依托政府转移支付政策，采用信号博弈定量分析模型，探寻信息不对称情况下上级政府对下级政府的奖励策略，激励政府信息公开①。“信息公开”的核心主题词变迁轨迹为微政务、网络舆情、数据分析等，说明网络舆情已经发展成一种全新的社会舆论重心，通过政府的宏观调控可以对网络舆情进行监控和分析，如梅松等运用大数据网络信息分析技术，通过线下事件信息和线上舆情信息的有效对接，实现媒体机构、社会化组织、专家智库等多方信息治理的全面协作②。“电子政务”的核心主题词变迁轨迹为大数据、数据开放、信息安全等，说明电子政务下的数据开放提高了政府管理服务水平，开放的过程中技术和管理的缺陷对信息安全造成了严重的威胁，如王文强从生态建设的层面思考政府数据开放安全保护，为我国政府数据开放的展开和深入提供政策基础、管理保障和技术支持，促进我国政府数据红利释放③。

---

① 朱晓峰、程琳、陆敬筠、潘芳：《微政务信息公开信号博弈研究——基于转移支付的视角》，《情报理论与实践》2017 年第 40 期：107—111。

② 梅松、曾润喜：《基于信息驱动的网络突发事件应急处置体系研究》，《情报理论与实践》2017 年第 40 期：30—34。

③ 王文强：《政府数据开放背景下中美信息安全保障比较研究》，博士学位论文，武汉大学，2017。

第三章　微政时代下信息公开行为支撑理论研究

研究构建微政时代下信息公开行为的动力系统，首先应对涉及其行为的关键因子——公平关切进行界定与度量，并深入分析各个利益主体——管理者、供给者、使用者的公平关切度对微政时代信息公开行为的影响；其次，应对微政时代信息公开各利益主体的动力因子进行梳理与分析；最后，从竞争机制与激励机制两个角度，对微政时代信息公开行为动力系统的构建进行讨论，寻求管理者、供给者、使用者之间动力系统的研究方式与方法，为本书后续章节奠定理论依据和研究基础。

第一节　公平关切的支撑理论研究

一、公平关切的界定与度量

公平关切简单说就是关心或关注公平。大量实证研究表明，人们具有公平关切偏好①，即人们不仅在意自身的利益，还可能在意他人的利益；人们不仅仅是为了帮助他人而帮助他人，人们其实是根据对方的慷慨

① 王磊、成克河、王世伟：《考虑公平关切的双渠道供应链定价策略研究》，《中国管理科学》2012 年第 11 期：563—568。

程度来决定帮助的力度。十八大报告也指出“公平正义是中国特色社会主义的内在要求”，强调“必须坚持维护社会公平正义”。

对公平关切进行了界定与度量，就是在探究公平关切影响因素的同时，充分验证了各影响因素对利益主体公平关切的影响过程和影响程度。本书的后续研究中，从收益与成本转化角度出发，使用两种不同的表达方式，即公平关切表达形式和公平关切系数形式，通过定性与定量相结合的方式，对公平关切的界定与度量进行了探究，具体而言，分为两步：

第一步，基于质参量兼容原理，通过政务微博数据，对公平关切进行界定与度量。

在此阶段的研究中，运用共生理论以及质参量兼容原理，从过程性公平和结果性公平两个方面，探究出公平关切界定与度量的规则。具体而言，基于共生理论的微政时代信息公开，其各个利益主体——管理者、供给者、使用者间共生关系是一个动态发展的过程，表现为不同共生模式下公平关切程度的不一。微政时代信息公开的组织共生模式反映的是过程性公平，即通过接触、参与以及互动合作增进认同，激励各方公平度的提升；而行为共生模式则反映的是结果性公平，主要通过利益分配的优化来推动公平演进。所以，应该从过程性公平和结果性公平两个方面，构建更加贴近微政时代信息公开实际的公平关切表达方式与度量标准。

参量兼容的结果能够决定微政时代信息公开的行为共生模式，进而能够决定共生过程中的利益主体公平关切度。具体来看，鉴于政务微博（信息公开供给者）与微博用户（信息公开使用者）之间的质参量具有成本与收益的关系，质参量的相互表达结果也将会与公平性密切相关。因此，本书引入共生分析法，通过共生度描述不同时间点下双方的投入与产出水平，并基于新浪微博政务调查报告（2011—2016）进行实证研究，将两者共生度比值作为公平度的判断依据，从而建立出公平关切的度量标准。使得无论是在学术研究过程中，还是在实际应用过程中，公平关切的度量变得更加简便和实用。

第二步，基于公平性综合评价函数及公平性厌恶函数，通过利益主体的收益成本之比，对公平关切进行界定与度量。

在该研究方式中，将公平关切引入微政时代信息公开群体多阶段的激励过程中，进而探究各影响因素对公平关切的影响过程和影响程度。以信息公开过程中的下级政府（信息公开供给者）为例，通过建立下级政府的公平性综合评价函数及公平性厌恶函数，达到将其公平性效用累积和强化的目的。下级政府的公平性综合评价包括：首先，下级政府会考虑其信息公开为上级政府带来的收益成本比；其次，下级政府还会考虑到自身的最优历史收益成本比。由此，下级政府的公平关切综合评价指数可以表示为：上级政府收益成本比与自身最优历史收益成本比的函数。

在信息公开过程中，如果下级政府对其收益存在不满，则下级政府就会出现不公平厌恶，这种不公平的厌恶会给下级政府带来负效应。当公平性综合评价指数大于自身收益成本比时，下级政府会产生内疚负效用；公平性综合评价指数小于自身收益成本比时，下级政府会产生嫉妒负效用。通过上述的分析，在下级政府不公平厌恶心理下，存在一个利益主体公平关切效用调节系数。

综上所述，本书首先通过对方收益成本比以及自身的最优历史收益成本比，初步对公平关切进行界定与度量，然后，建立公平关切的效用调节系数，同时考虑到公平关切中不公平厌恶和内疚负效用对利益主体行为影响的累积、强化作用，使研究结果更加符合现实情况中多阶段的主体行为选择，即更加具有现实意义。

二、利益主体的公平关切度对微政时代信息公开行为的影响

依托上一阶段对公平关切的界定与度量，将公平关切的研究重点转移到其对利益主体行为影响过程中，由此，将公平关切抽象成“系数”的表达方式，使得整个研究过程更加精炼，研究结果更加深入。具体而言，就

是在公平关切界定与度量的基础上，将其精炼化，抽象成公平关切系数，进而探究公平关切系数对微政时代信息公开中各利益主体行为的影响过程和影响程度。

第一步，从考虑与对方收益差的角度，提出公平关切对于利益主体行为的影响过程和影响程度，进而构建合理的收益分配方案。

微政时代信息公开研究领域中，关于考虑利益主体公平关切的研究比较少，但是在供应链学科领域，公平关切的研究早已兴起。借鉴供应链学科中比较经典的研究方式，即从与对方收益差角度来研究公平关切的方式，是公平关切对信息公开利益主体行为影响研究的第一步。

因此，本书通过微政时代信息公开中各利益主体之间收益差与公平关切系数的乘积，或者，更进一步的，通过信息公开中一方利益主体净收益与另一方利益主体净收益之差，然后与公平关切系数相乘，来形成包含公平关切的利益主体效用函数，进而探究公平关切对于信息公开中利益主体行为影响过程和影响程度。

第二步，从双方的实力与贡献的角度，提出公平关切对于利益主体行为的影响过程和影响程度，进而构建合理的收益分配方案。

已有关于公平关切对利益主体行为的研究，多集中在上述考虑与对方收益差的角度，该角度讨论的公平实际上是一种绝对的公平。从行为科学以及心理科学上来讲，如果在微政时代信息公开中只考虑到收益的绝对公平，即以对方的收益为判断自身收益得失的参考点，而忽视了与对方能力的悬殊，则很难实现上下级政府信息公开行为的协调性，因此，需要考虑公平的相对性。

由此，本书拟采用 Nash 讨价还价公平解作为双方相对公平解，即从双方的实力与贡献的角度提出合理的收益分配方案。具体而言，首先假设出 Nash 讨价还价模型得出的微政时代信息公开各利益主体的公平解；然后，将公平解、公平关切系数带入各利益主体的效用函数中；接着，根据 Nash 讨价还价博弈模型的定义和定理，通过效用函数，导出由各利益主体公平关切度表示的公平参考解算式；最后，进行后续关于信息公开主体行为影响的研究。

第二节　量化分析微政时代信息公开的动力因子

现实环境下，政务公开服务面临的约束是多方面的，对其影响程度也各不相同。与此同时，各个利益主体的"公平关切度"也是有差异的，对彼此协调造成的影响也有所不同。建立反映实际情况的微政时代信息公开服务动力系统，具有较大的难度。所以在本书中，针对不同的利益主体，设定了不同的动力影响因子，并结合实证的方式，具体量化分析各动力因子对信息公开管理者、供给者、使用者行为的影响。

一、信息公开管理者行为的动力因子量化分析

在微政时代信息公开的过程中，其管理者的行为影响着供给者以及使用者的行为。所以，在梳理信息公开利益主体行为的动力因子时，首先要对管理者行为进行研究。微政时代信息公开的管理者，是一个特殊的、非完全利益化的主体，其根本目的是保证信息公开服务又好又快的发展，以满足公众的需求。所以，信息公开管理者行为的动力，实际上是间接地来自信息公开服务质量改善导致的公众满意度的提升。

因此，本书中探究的信息公开管理者行为的动力因子，主要包括：管理者的公平关切因子、对信息公开供给者行为的监督因子以及监督成本因子、信息公开供给者伪造行为的罚金因子等。通过数学模型、仿真演化等方式，借助上述动力因子对信息公开管理者的行为影响进行深入研究，为改进微政时代信息公开管理工作提供对策和建议。

量化信息公开管理者动力因子，本书采用两种方式：第一种方式是通过政务微博中的实证数据对动力因子进行量化分析，使结果更贴合实际。第四章第二节第一部分的"信息公开管理者与供给者的激励动力研究"、

第六章第一节的“公平关切视角下信息公开供给者与使用者间激励行为研究”等就是采用了此种方式。第二种方式是采用模拟数据的方式对动力因子进行量化分析，以验证研究结果的科学性、可信度。第四章第一节“基于竞争机制的信息公开管理者与供给者间行为动力系统探究”就是采用了模拟数据方式。

二、信息公开供给者行为的动力因子量化分析

信息公开供给者一般指微政时代信息公开服务的提供者，它们是信息公开最重要的环节。所以，本书中，重点对供给者行为的动力因子进行了量化分析，并探究不同的动力因子对信息公开供给者行为的影响。

具体而言，第五章第一节“基于竞争机制的信息公开供给者与供给者间行为动力系统探究”、第六章第一节的“公平关切视角下信息公开供给者与使用者间激励行为研究”等，主要探究了供给者的公平关切因子、信息公开程度因子、努力程度因子、管理者给予的财政补贴因子、管理者收益与供给者收益之间的依赖因子、信息公开成本因子等。上述的动力因子研究，大多是从供给者自身的角度出发，例如提高自身信息公开的努力程度或者提高信息公开程度等，以获得管理者的激励。

第四章第一节的第二点“信息公开管理者与供给者的行为演化及仿真研究”、第四章第二节的第三点“信息公开管理者与供给者的激励结构研究”等，主要探究了供给者与管理者的收益共享系数因子、管理者给予的固定支付因子、供给者伪装高质量信息公开行为的伪装成本因子、被管理者发现其伪装行为而造成自身的损失因子等。上述动力因子的研究，多是从获得管理者补贴与优惠政策的角度，激发自身信息公开服务的动力。

三、信息公开使用者行为的动力因子量化分析

对信息公开使用者的动力因子进行分析，实际上就是对促进公众更加积极地参与信息公开服务的影响因素进行分析。在本书中，研究的信息公开使用者行为动力因子主要包括：公平关切因子、获得公开信息的成本因子、使用者与供给者之间的收益共享因子等。通过上述动力因子研究，清晰阐释了信息公开使用者的行为选择，也为后续对使用者动力系统的研究奠定了基础。

第三节　构建微政时代信息公开动力系统的思路

构建出完整、有效的公平关切下的微政时代信息公开动力系统，是本书研究的重点内容。本书认为，微政时代信息公开的动力系统，是一个彼此适度竞争、利益合理分配形成的参与各方（管理者、供给者、使用者）收益最大化有机整体。因此，本书必须探究在有无公平关切的影响下，对信息公开的内部权力、责任、利益等进行优化配置，重新设计微政时代信息公开的竞争机制和利益分配机制，实现对各利益主体的积极性的诱导、激发、强化与整合。

微政时代信息公开动力系统模型构建思路，如图 3－1 所示。

一、基于竞争机制的微政时代信息公开动力系统研究

在本书中，竞争机制研究的是两者或者三者间一种动态的竞争关系，通过这种动态的相互制约、相互制衡，实现微政时代信息公开主体期望达到的最优效果。

（一）演化博弈模型视角下的动力系统研究

演化博弈是一种起源于生物进化论的博弈分析方法，从有限理性个

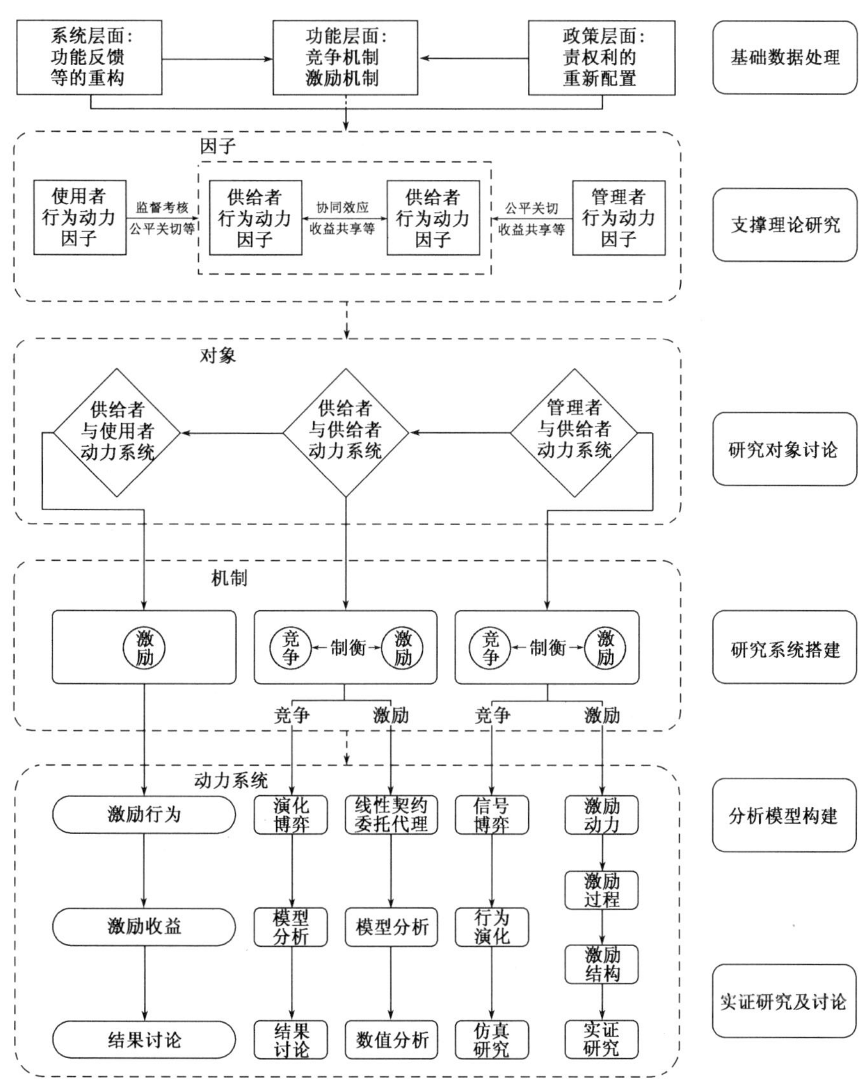

图 3－1　微政时代信息公开动力系统的研究思路

体出发，以种群为研究对象，相对于其他博弈理论而言，演化博弈更接近现实，它的核心概念是演化稳定策略和复制动态方程。本书基于演化博弈模型，通过不同因素影响、不同参数限制条件下，上下级政府间及同级政府间动态行为的相互制衡过程，探究各主体间的竞争关系。

在本书中，演化博弈模型视角下的动力系统研究，主要体现在两个部分：

一是基于公平关切和监督信号双重作用，分析上级政府与下级政府在信息公开中的行为演化和策略选择过程，并使用 MATLAB 仿真演示了不同参数限制条件下的演化均衡策略，以及公平关切和监督信号对上、下级政府行为演化的影响过程和影响程度，进而为动力系统的建立提供指导。研究表明：不同的参数限制条件下，会产生四种不同的行为演化结果，可以通过参数限制条件的调整，进而达到调整上、下级政府行为策略的目的；提高下级政府自身收益在总收益中的占比以及降低信息公开成本，有利于促进信息公开行为；公平关切、监督信号都会对上、下级政府的行为演化速度起到正向的作用，但是监督信号较公平关切对行为演化速度的影响程度更大。

二是研究同级政府间的信息公开。首先通过分析同级政府间信息公开的行为特征和利益关系，运用演化博弈模型研究双方群体博弈的行为规律，进而分析同级政府间信息公开的均衡策略，最后提出相关的建议以推进同级政府间的信息公开。

基于演化博弈模型，研究管理者与供给者之间行为选择，以及多个供给者之间行为选择，扩展了微政时代信息公开动力系统的研究方向和研究范围。

（二）信号博弈模型视角下的动力系统研究

本书基于信号博弈模型，研究上下级政府根据彼此发出财政补贴程度信号/接收到的信息公开比例信号，对自身行为进行修正，以使得在此消彼长的竞争关系中，自身收益达到最佳。基于信号博弈模型的微政时代信息公开，博弈主体为上下级政府，即下级政府作为信号的发出者，上级政府作为信号的接收者。信号博弈过程如下：首先，上级政府按一定的概率从政府类型中选择下级政府的信息公开程度类型，并告知下级政府。其次，下级政府根据上级政府的选择，在自己的应对计划空间中选取应对策略（相当于向后行动的上级政府发出信号）。最后，上级政府观测到下级政府发出的策略信号后，根据以往上级政府对下级政府信息公开方面的了解和分析，应用贝叶斯法则对先验概率进行修正，得到下级政府有关信息公开的后验概率，然后在自己的行动策略空间中选择行动策略。

信号博弈模型视角下的微政时代信息公开动力系统研究，主要从政府转移支付政策出发，通过构建微政时代信息公开中的上下级政府信号博弈模型，分析了在三种贝叶斯均衡下的双方策略行为选择及影响因素。研究表明：上级政府的信息公开最优策略选择，与下级政府的作假概率密切相关，也与下级政府信息公开所处阶段密切相关。

通过信号博弈与微政时代信息公开相结合，清晰展现了信息公开中供给者公开信息比例与管理者对供给者财政补偿程度之间的关系，丰富了微政时代信息公开主体间的竞争机制内容，进而对构建管理者与供给者之间最直接的动力系统起到了促进作用。

二、基于激励机制的微政时代信息公开动力系统研究

本书中谈及的激励机制，与上述的竞争机制相区别，激励机制主要包含两个层面的内容：一是总收益固定不变的情况下，探讨如何激励微政时代信息公开主体通过自身努力，使得自身的收益达到最佳；二是总收益动态变化的情况下，探讨如何通过信息公开主体相互促进与激励的互动行为，使得总收益不断增加，从而使得自身收益达到最佳。

（一）委托代理模型视角下的动力系统研究

委托代理模型的核心是解决委托人与代理人之间的信息不对称问题，进而解决由于信息不对称引起的“道德风险”“逆向选择”等问题，实质上属于一种利益分配问题。本书为了更好地解决“逆向选择”的问题，将微政时代信息公开行为划分为更加细致的发展阶段，即对称信息阶段与非对称信息阶段、单主体阶段与多主体阶段，判断影响因素在不同阶段下，对总收益及自身收益的影响程度，由此实现更好的激励效应。本书的委托代理模型视角下动力系统研究，主要体现在两个角度：

一是公平偏好角度，以委托代理模型为基础，通过量化上下级政府（信息公开管理者和供给者）收益，构建微政时代信息公开的动力模型，并基于对称信息和非对称信息条件，讨论了公平偏好程度、参考依赖因子、固定成本、风险规避度、代理成本等动力因素与微政时代信息公开之间复杂的作用关系。最后以《人民日报》2016 年排名前十的政务微博为例，进行实证研究。研究结果表明：信息对称条件下，动力模型的建立取决于参考依赖因子、固定成本和下级政府的公平偏好系数；非对称信息条件下，动力模型的建立取决于下级政府风险规避度和代理成本。

二是大数据角度，基于大数据背景下信息公开主体的行为可预测、分析、量化的特点，运用委托代理模型，分别针对单个信息公开个体、多个信息公开个体，分析这些个体在信息公开过程中的激励方式，并探究微政时代信息公开激励机制的主要影响因素。研究结果表明：上级政府制定激励机制时，下级政府的信息公开比例和努力程度是主要考察的两项指标；此外，上级政府在微政时代信息公开过程中投入的资源量，可以通过下级政府的成本系数、努力程度两个指标具体量化；对于下级政府，增加自身信息公开的努力程度，比降低自身信息公开的成本对自身收益的影响更大。

通过将委托代理模型与信息公开服务相结合的研究，对微政时代信息公开服务中管理者和供给者之间动力系统的建立起到了极大的参考作用。

（二）收益共享契约模型视角的动力系统研究

收益共享契约视角下的动力系统研究，具体是指利益主体对微政时代信息公开服务中新增的系统收益进行分割，不断平衡自身收益与对方收益，不断优化系统整体收益，实现各利益主体的双赢。本书基于收益共享契约模型，探究在微政时代信息公开主体是否考虑公平关切情形下，对由于双方互动与激励行为而产生的新增系统收益，进行重新分配，使得自身收益增加，进而实现更优的收益分配方式。本书收益共享契约模型视角下的动力系统研究，主要体现在两个部分：

一是微政时代信息公开收益共享契约研究，即针对微政时代信息公开服务中的收益共享问题，构建公平关切视角下信息公开供给者（以政府为代表）与信息公开使用者（以公众为代表）的收益共享契约模型，基于政府与公众同时具有公平关切且公平关切程度相同、只有政府具有公平关切、只有公众具有公平关切三种情形，探究了公平关切程度对于微政时代信息公开的收益共享系数可行域、实施信息公开后增加的系统收益、信息公开比例、双方主体各自收益的影响。

二是微政时代信息公开质量激励效率的演化研究，具体而言，就是考虑相关主体的理性因素和非理性因素，基于菜单式收益共享契约，构建了不同激励结构下的群体激励模型，并引入公平偏好，研究了公平偏好对激励效果的影响。研究表明：不具有公平偏好的情况下，通过菜单式的收益共享契约，能够一定程度上提高信息公开质量以及上级政府收益；不具有公平偏好的激励结构并不适用于具有公平偏好的激励过程；下级政府的公平偏好会对上级政府收益产生负面影响；忽视激励结构中各激励因素的协同作用，仅对单一激励因素进行调整，难以达到较好的激励效果。

通过收益共享契约模型与微政时代信息公开服务的结合，分别探究了管理者与供给者之间、供给者与使用者之间的收益共享以及收益分配行为，为信息公开中各利益主体动力系统的研究增添了新的内容。

（三）一体化模型视角下的动力系统研究

一体化信息公开，是指由于供给者和使用者都是独立的组织实体，通过集中决策，逐渐形成信息公开的有机整体。所以，一体化信息公开，并不是要求公开信息供给者和使用者之间的合并，而是要求信息供给者和信息使用者，在关心自己的收益、希望自己的收益最大化的同时，关注整体收益，以期达到最优的利益分配制度。

本书基于一体化模型，探究考虑公平关切的微政时代信息公开一体化情形下，通过转移收益协调和优化信息公开行为，提高信息供给者和使用者双方的净收益和整体净收益，进而寻求收益分配均衡。

具体而言，就是从公平关切视角分析微政时代信息公开行为，试图实现基于收益衡量下的信息公开行为最优。研究表明：通过转移收益协调和优化信息公开行为，可以明显改善公开信息使用者的积极性，使信息公开能够顺利开展和实施，并成功提高信息供给者和使用者双方的净收益和整体净收益，进而促进信息公开动力系统更加有效。

通过将考虑公平关切的一体化信息公开过程与独立型信息公开过程进行对比分析，得到了更加高效的微政时代信息公开动力模型——一体化模型。

第四章　微政时代管理者与供给者之间信息公开行为动力系统探究

基于第三章微政时代下信息公开行为动力系统的研究框架和思路，本章首先将上级政府（管理者）和下级政府（供给者）作为研究对象，通过信号博弈和演化博弈分别讨论基于竞争机制的上下级政府间信息传递和交流，以及彼此之间行为策略的选择、演化。接着，分别从激励动力、激励过程和激励结构三个方面，深入细致地探讨和研究基于激励机制的上下级政府的动力系统。最后，结合竞争机制和激励机制的影响因素、行为策略、互动过程和效率及路径，总结微政时代信息公开中的管理者（上级政府）与供给者（供给者）之间最佳激励组合。

第一节　基于竞争机制的信息公开管理者与供给者间行为动力系统探究

本节首先从政府转移支付政策出发，构建作为上级政府的管理者和作为下级政府的供给者的信息公开信号博弈模型，重点探讨微政时代信息公开行为的信息传递及策略选择。接着，基于演化博弈，通过引入监督信号和公平关切系数，分析上级政府与下级政府在信息公开过程中的行为演化和策略选择，并通过使用 MATLAB 仿真演示不同参数限制条件下的演化均衡策略，可视化展现公平关切和监督信号对双方行为演化的影响过程和速度。通过信号博弈和演化博弈，探讨竞争机制下信息公开管理者与供应者间的行为动力系统。

一、信息公开管理者与供给者的信号博弈研究

（一）问题的提出

政务微博、政务微信等以互联网为载体的信息公开模式，因其巨大的传播力和影响力，备受学术界关注。相关研究主要包括：(1) 微政时代信息公开已有研究的梳理：朱晓峰等以政府信息公开为主题词的期刊论文，以文献计量为理论依据，运用 CiteSpaceⅢ为数据分析和可视化工具，梳理了微政时代信息公开已有研究，探究微政时代信息公开的研究脉络、流派和研究趋势①；李晓娜等基于对政务微博的概念、定位、意义、数量、分布、发展阶段的梳理，对政务微博在发展动力、服务意识、体制机制、工作技巧等方面存在问题提出相应的对策②。(2) 微政时代信息公开服务模式：王芳等认为政务微信、微博等作为移动互联时代电子政务服务体系的重要组成部分，需要对自身的服务模式及功能进行准确定位，因此从公众视角切入，分析服务方式与政府网站、政务微博的关系，发现政务微信、微博的可用性对公众感知价值有显著影响③；陈海春等以“广州公安”微信政务为例，从行政业务流程、与公众沟通方式、提供服务方式和工作透明度 4 个方面，对政府提供信息公开服务模式的差异进行了分析，探寻信息

---

① 朱晓峰、崔露方、陆敬筠：《国内外政府信息公开研究的脉络、流派与趋势——基于 WOS 与 CNKI 期刊论文的计量与可视化》。

② 李晓娜、陈文权：《我国政务微博发展现状及理论研究综述》，《云南行政学院学报》2014 年第 4 期：89—93。

③ 王芳、张璐阳：《中国政务微信的功能定位及公众利用情况调查研究》，《电子政务》2014 年第 10 期：58—69。

公开服务模式从“被动型”转向“主动型”的路径①；胡远珍等指出政务信息服务作为“互联网＋政务服务”的一项基础性工作，应该遵循“互联网＋”的跨界、融合理念，以公众办事主题为主线，通过整合各政府机构的政务流程，建设一体化、全过程、无缝隙的政务信息服务体系②。（3）微政时代信息公开过程中的行为决策：Anne Gregory 等认为政府最重要的任务之一是向公民提供清晰、真实和客观的信息，政府对自身政策、活动和服务的全面准确公布及其与公众的互动交流，对于推进民主进程至关重要③；王绍东等兼顾微政务信息公开服务中地方政府和公众的行为特征和利益关系，构建微政时代信息公开服务中双方的单次动态博弈模型，运用演化博弈方法研究双方群体博弈行为规律，有效地避免了微政时代信息公开服务相对滞后所带来的研究误差④。（4）微政时代信息公开评测研究：Alcaraz-Quiles 等认为基于信息和多媒体技术的电子政务信息是实现政府服务功能的关键因素，公众的主动参与度与满意度是信息共享的主要任务之一，进而将顾客满意度模型和公共部门公众满意度模型相结合，构建微政时代信息公开公众满意度指数模型，以“公众满意”为导向，以满意度测评理论为依据，分析影响公众满意度的主要因素⑤；Kim 等通过科学能力技术分析图，探究下级政府服务能力的政治性解决方案，

---

① 陈海春、李欣欣、赵玉攀、惠梅：《政务微信对传统政务模式的改造研究——以“广州公安”政务微信为例》，《现代情报》2015 年第 35 期：141—145。

② 胡远珍、徐皞亮：《湖北省政务微博与政府深化信息公开》，《湖北社会科学》2016 年第 3 期：57—66。

③ Gregory A, “UK government communications: Full circle in the 21st century?” *Public Relations Review* 38, No. 3(2012): 367—375.

④ 王绍东、陆敬筠、朱晓峰：《电子政务服务中地方政府与公众行为的演化博弈研究》，《科技管理研究》2014 年第 9 期：215—219。

⑤ Francisco J A, Andrés N G and David O R, “Factors influencing the transparency of sustainability information in regional governments: an empirical study,” *Journal of Cleaner Production* 82, No. 11 (2014): 179—191.

并对其能力进行评价研究①;邹凯等通过测量不同指标之间的关系配合,建立公众满意度的测评体系,更好地阐释了政务微博在不同层面信息公开的受欢迎程度,并通过对公众的信息反馈和综合测评,全面考量得出政务微博信息公开中的公众总体感知效果②。

已有的研究多是把供给信息的政府、使用信息的公众作为单个研究主体,多采用定性分析方法探寻如何推进微政时代信息公开,鲜有从上下级政府的角度,定量分析微政时代信息公开动力的依据和举措。

由于微政时代信息公开不可能一蹴而就,不同的发展阶段需要不同的激励手段和策略。与此同时,转移支付政策日益成为不同政府部门间协调发展而必须采取的激励策略③。因此,本书依托政府转移支付政策,采用信号博弈定量分析模型,通过上下级政府间的行为决策对各自收益的影响,剖析微政时代信息公开过程中信息的传递和交流,强化上级政府对下级政府传递信息的甄别和判断,从而促进微政时代信息公开的健康发展。

(二) 博弈模型构建与分析

在推进微政时代信息公开过程中,下级政府对自身信息公开程度具有完全信息,但上级政府对下级政府的信息公开真实情况并不清楚,只能根据下级政府的申请对其信息公开的效果做出"判断"。因此,微政时代信息公开中的上级政府与下级政府之间转移支付过程,是一个不完全信息动态博弈中的信号博弈过程。

---

① Kim M J and Lee J, "Political Solution Plan by Mapping of Science & Technology (S&T) Capability Analysis on Lower Level Local Governments: with Gyeonggi G-COSTII," *Journal of the Korean Cartographic Association* 15, No. 1 (2015): 69—83.

② 邹凯、包明林:《政务微博服务公众满意度指数模型及实证研究》,《湘潭大学学报(哲学社会科学版)》2016 年第 40 期:75—79。

③ 安虎森、吴浩波:《转移支付与区际经济发展差距》,《经济学(季刊)》2016 年第 2 期:675—692。

（1）模型构建

在支付转移制度下的政府信号博弈中，博弈主体为上级政府和下级政府，下级政府作为信号的发出者(S)，上级政府作为信号的接收者(R)。信号博弈过程如下：

首先，上级政府从自然“N”按一定的概率从政府类型 $A=\{a_1, a_2, \cdots, a_m\}$ 中选择下级政府的信息公开程度类型为 a_i，并告知下级政府。其次，下级政府根据自然“N”的选择，在自己的应对计划空间 $B=\{b_1, b_2, \cdots, b_n\}$ 中选取应对策略 b_j（相当于对后行动的上级政府发出信号）。最后，上级政府观测到下级政府发出的策略信号后，根据以往上级政府对下级政府信息公开方面的了解和分析，应用贝叶斯法则①对先验概率进行修正，得到下级政府有关信息公开的后验概率，然后在自己的行动策略空间 $C=\{c_1, c_2, \cdots, c_k\}$ 中选择行动策略 c_k。

（2）基本假设

下级政府信息公开情况分为两种：信息公开程度高、信息公开程度低。通常情况下，信息公开程度高的下级政府，选择申请高额财政补偿；信息公开程度低的下级政府，选择申请低额度财政补偿。但是，由于申请补偿存在信息不对称的情况，导致下级政府在申请过程中出现偏差②。某些信息公开程度高的下级政府，认为上级政府的决策评价标准和申请数额的高低密切相关，为了确保获得财政补偿而选择申请低额的补偿。某些信息公开程度低的下级政府，则通过伪装等方式（通过选择性公开、刻意隐瞒真实信息等伪装手段，给公众信息量冲击，但信息质量仍有待商榷），申请高额的财政补偿。

假定：信息公开程度低的下级政府需要付出的伪装成本为 C；若被上

① 张志安、曹艳辉：《政务微博和政务微信：传承与协同》，《新闻与写作》2014年第12期：57—60。

② 谢伟、孙绍荣：《基于信号博弈的大气污染防治机制研究》，《资源开发与市场》2015年第11期：1311—1400。

级政府发现该伪装手段，将会产生损失 F；上级政府查出的概率为 P；信息公开程度低且申请低额度的财政补偿成本为 0。下级政府的申请策略 B=｛申请高额度(h)，申请低额度(l)｝。F 视为风险成本，P 为风险概率。

本书将上级政府给予的财政补偿作为下级政府的收益，上级政府的策略空间 C=｛给予高额度财政补偿(h)，给予低额度财政补偿(l)，拒绝财政补偿申请｝，高额度财政补偿为 Dh，低额度补偿为 Dl，拒绝给予财政补偿为 0。下级政府信息公开程度高，给上级政府带来的资金和社会收益为 Vg，信息公开度低时为 Vb，而且满足 $Vg>Dh>Vb>Dl>0$。如果下级政府进行了信息公开，但上级政府拒绝给予财政补偿，会打消下级政府的工作积极性，影响上级政府的公信力，给上级政府带来额外损失 L，且 $L>Dh$。若信息公开程度高的下级政府申请高额财政补偿时，上级政府给予低额财政补偿，则给上级政府带来的额外损失为 M，且 $Dh<Dl+M<L$。

(3) 博弈分析

微政时代，信息公开已经成为民主政治发展的必然趋势①，从这个角度而言，信息公开中的上级政府与下级政府利益目标完全一致，博弈分析模型如图 4-1 所示：

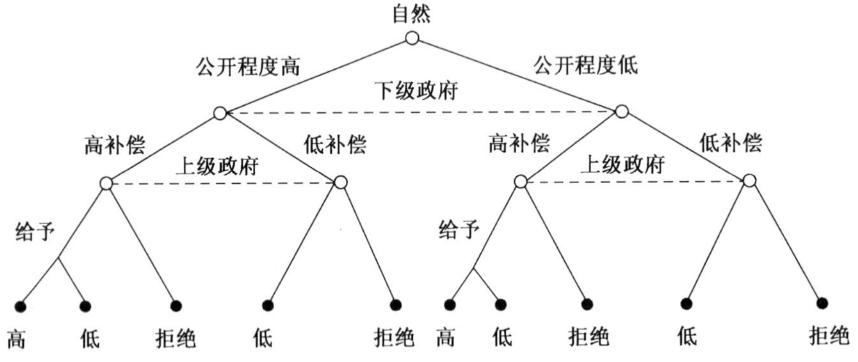

图 4-1　微政时代信息公开中的上级政府与下级政府博弈树

① 崔露方、翟利鹏、朱晓峰：《基于演化博弈的同级政府间信息公开研究》，《情报理论与实践》2016 年第 39 期：56—60。

第一种情况：如果下级政府本身的信息公开程度高，会出现两种申请策略：高补偿和低补偿。当下级政府申请高补偿，上级政府给予高补偿时，上级政府与下级政府的收益分别为$(Vg-Dh, Dh)$，上级政府给予低补偿时，上级政府与下级政府收益分别为$(Vg-Dl-M, Dl)$；当下级政府申请低补偿，上级政府给予低补偿，上级政府与下级政府的收益分别为$(Vg-Dl, Dl)$，当上级政府拒绝给予下级政府财政补偿时，上级政府与下级政府收益分别为$(Vg-L, 0)$。

第二种情况：如果下级政府自身的信息公开程度低，也会出现两种申请策略：高补偿和低补偿。下级政府可能通过一定的伪装，申请高补偿。上级政府给予高补偿时，两者的收益分别为$(Vb-Dh, Dh-C-PF)$，给予低补偿时，上级政府与下级政府的收益分别为$(Vb-Dl, Dl-C-PF)$，上级政府拒绝给予下级政府财政补偿时，上级政府与下级政府的收益分别为$(Vb-L, -C)$。上级政府给予低补偿，上级政府与下级政府的收益为$(Vb-L, Dl)$；当上级政府拒绝给予补偿时，上级政府与下级政府的收益分别为$(Vb-L, 0)$。

下级政府的收益矩阵，如表 4-1 和表 4-2 所示：

表 4-1　下级政府信息公开程度高的收益矩阵

信息公开程度高的下级政府	上级政府		
	高额补偿	低额补偿	拒绝
申请高额补偿	$(Dh, Vg-Dh)$	$(Dl, Vg-Dl-M)$	$(Dl, Vg-Dl)$
申请低额补偿	(—,—)	$(D, Vg-Dll)$	$(0, Vg-L)$

表 4-2　下级政府信息公开程度低的收益矩阵

信息公开程度低的下级政府	上级政府		
	高额补偿	低额补偿	拒绝
申请高额补偿	$(Dh-C-PF, Vb-Dh)$	$(Dl-C-PF, Vb-Dl)$	$(-C, Vb-L)$
申请低额补偿	(—,—)	$(Dl, Vb-Dl)$	$(0, Vb-L)$

当下级政府信息公开程度高，上级政府选择给予高补偿所得的收益，要高于给予信息公开程度低的下级政府低补偿时的收益，即 $Vg-Dh>Vb-Dl>0$；当上级政府拒绝给予下级政府所申请的类型的财政补偿时，由于下级政府信息公开带来的收益都是既定事实，不会随着上级政府的误判而消失。

假设上级政府属于风险中性博弈方，下级政府信息公开程度高的概率为 $p(g)$，信息公开程度低的概率为 $p(b)=1-p(g)$。则下级政府有四种可选择策略：信息公开程度高的下级政府申请高额财政补偿、信息公开程度低的下级政府申请高额财政补偿、信息公开程度高的下级政府申请低额财政补偿、信息公开程度低的下级政府申请低额财政补偿，概率分别为：$p(g/h)$、$p(b/h)$、$p(g/l)$、$p(b/l)$。综上可得，上级政府选择给予下级政府高额财政补偿的期望得益为：

$$E_1=p(g/h)(Vg-Dh)+p(b/h)(Vb-Dh) \quad (1)$$

上级政府给予下级政府低额财政补偿的期望收益为：

$$E_2=p(g/h)(Vg-Dl-M)+p(g/l)(Vg-Dl)+p(b/h)(Vb-Dl)+p(b/l)(Vb-Dl) \quad (2)$$

上级政府选择拒绝给予下级政府财政补贴的期望收益为：

$$E_3=p(g/h)(Vg-L)+p(g/l)(Vg-L)+p(b/h)(Vb-L)+p(b/l)(Vb-L) \quad (3)$$

（三）博弈均衡分析

假设微政时代信息公开程度高的下级政府，申请高额财政补偿的概率 $p(h/g)=1$，申请低额财政补偿的概率 $p(l/g)=0$；信息公开程度低的下级政府，通过作假等方式申请高额财政补偿的概率（即作假概率）$p(h/b)=\alpha$，按照真实情况申请低额财政补偿的概率 $p(l/b)=1-\alpha$，其中 $\alpha\in[0,1]$。根据贝叶斯法则，可以得出 $p(g/h)$、$p(b/h)$、$p(g/l)$、$p(b/l)$分别是：

$$p(g/h)=\frac{p(g)p(h/g)}{p(h)}=\frac{p(g)p(h/g)}{p(g)p(h/g)+p(b)p(h/b)}=\frac{p(g)}{p(g)+p(b)\alpha} \tag{4}$$

$$p(b/h)=\frac{p(b)p(h/b)}{p(h)}=\frac{p(b)p(h/b)}{p(g)p(h/g)+p(b)p(h/b)}=\frac{p(b)\alpha}{p(g)+p(b)\alpha} \tag{5}$$

$$p(g/l)=\frac{p(g)p(l/b)}{p(l)}=0 \tag{6}$$

$$p(b/l)=\frac{p(b)p(l/b)}{p(l)}=\frac{p(b)p(l/b)}{p(g)p(l/g)+p(b)p(l/b)}=1 \tag{7}$$

因此，上级政府给予下级政府补贴的决策，主要取决于信息公开财政补偿标准、伪装成本、风险成本和概率、复检被发现的概率等因素。这些因素之间存在着不确定关系，随着信息公开制度的不断完善，上级政府与下级政府之间的博弈表现出不同类型的均衡。

（1）混同均衡

在信息公开初期，配套制度和监督设施尚不完善，所有的下级政府向上级政府发出的信号均相同，无论信息公开程度的高低，都选择申请高额财政补偿，构成了混同均衡状态。在此均衡中，$Dh-C-PF>Dl$ 且 $\alpha=1$，$p(g/h)=\frac{p(g)}{p(g)+p(h)}$，$p(b/h)=\frac{p(b)}{p(g)+p(b)}$，则存在以下两种情况：

第一种情况：若下级政府信息公开程度低的概率 $p(b)$ 足够大，则所有的下级政府都会选择申请高额财政补偿。究其原因，如果上级政府给予高补贴，上级政府的期望收益为 $E=E_1=p(g/h)(Vg-Dh)+p(b/h)(Vb-Dh)$；如果上级政府拒绝给予财政补偿，上级政府的期望收益为 $E_3=p(g/h)(Vg-L)+P(b/h)(Vb-L)<E_1<0$；如果上级政府选择给予低额财政补偿，则 $E_2=p(g/h)(Vg-Dl-M)+p(b/h)(Vb-Dl)>0$。显然，$E_2>E_1>E_3$，政府只有选择给予低额财政补偿。此时的策略组合和判断是一个转移支付政策完全失败类型的贝叶斯均衡——下级政府申请高额财政补偿，上级政府却给予低补贴。

第二种情况：若下级政府信息公开程度高的概率 $p(g)$ 足够大，此时的支付转移效果属于部分成功的贝叶斯均衡：下级政府申请高额财政补偿，上级政府给予高补偿。由于已知 $Dh<Dl+M<L$，上级政府给予三种方式补偿的收益关系为 $E_1>E_2>E_3$，在这样的状态下，大多数的下级政府信息公开程度高，上级政府与下级政府都能获得正收益。

综上，在混同均衡状态下，上级政府的收益直接取决于下级政府信息公开高低的概率。当 $p(b)$ 很大时，上级政府选择给予低补偿，导致信息公开程度高的政府积极性越来越低，从而形成一个恶性循环，不利于政府转移支付政策的贯彻和落实；只有当 $p(g)$ 足够大，上级政府选择给予高补偿，从总体出发，政府转移支付政策下的财政补偿策略效果显著。

(2) 准分离均衡

随着微政时代信息公开不断发展，相关制度不断完善，上级政府会根据贝叶斯法则对先验概率进行修正，即上级政府会进行二次复检，此时便出现了准分离均衡。若复检发现下级政府并未按真实情况申请，会对相关下级政府进行惩罚，此时，下级政府选择伪装的概率为 $0<\alpha<1$。此时的策略组合和判断是一个部分成功的完美贝叶斯均衡：

第一，下级政府信息公开程度高的都申请高额财政补偿，信息公开程度低的下级政府可能选择高额财政补偿或低额财政补偿；

第二，上级政府根据后验概率选择给予补贴；

第三，上级政府的判断是 $p(g/h)=\dfrac{p(g)}{p(g)+p(b)\alpha}$，$p(b/h)=\dfrac{p(b)\alpha}{p(g)+p(b)\alpha}$。

对于上级政府而言，给予高额财政补偿的下级政府，其信息公开程度高的概率为 $p(g/h)>0$，给予高额财政补偿的下级政府，其信息公开程度低的概率为 $p(b/h)>0$。如果下级政府申请高额财政补偿，上级政府给予高额补偿的期望收益为：$E=E_1=\dfrac{p(g)}{p(g)+p(b)\alpha}(Vg-Dh)+$

$\frac{p(b)\alpha}{p(g)+p(b)\alpha}(Vb-Dh)$；政府拒绝申请的期望收益为：$E=E_3=\frac{p(g)}{p(g)+p(b)\alpha}(Vg-L)+\frac{p(b)\alpha}{p(g)+p(b)\alpha}(Vb-L)$；若政府选择给予低额财政补偿的期望收益为：$E=E_2=\frac{p(g)}{p(g)+p(b)\alpha}(Vg-Dl-M)+\frac{p(b)\alpha}{p(g)+p(b)\alpha}(Vb-Dl)$。当$|Vg-Dh|>|Vb-Dh|$，$|Vg-L|>|Vb-L|$，$|Vg-Dl-M|>|Vb-Dl|$，$\frac{p(g)}{p(g)+p(b)\alpha}$足够大，则$E_1>E_2>E_3$，上级政府给予高额财政补偿将是最优决策；当$\frac{p(g)}{p(g)+p(b)\alpha}$足够小时，由于$L>Dh>Dl$，则$E_2>E_1>E_3$，上级政府给予低额财政补偿将是最优决策。

显然，在准分离均衡状态下，上级政府的收益取决于高额财政补偿的下级政府中信息公开程度高的概率$p(g/h)$。当$p(g/h)$足够小时，上级政府只会选择给予下级政府低额补偿策略，导致转移支付政策陷入完全失败状态。当$p(g/h)$足够大时，下级政府传递的信号日益可信，微政时代信息公开会得到明显改善，支付转移政策将会越来越成功。

(3) 分离均衡

随着微政时代信息公开的逐步完善，相应的监督惩罚机制走向成熟。下级政府向上级政府发出的信号全部属实，上级政府能根据接收到的信号做出正确的判断。此时，上级政府与下级政府之间处于分离均衡状态。在此均衡中，$Dh-C-PF<DL$且$\alpha=0$，申请高额补偿的下级政府信息公开程度高的概率$p(g/h)=1$，即：

第一，下级政府伪装后所带来的收益少于申请低额财政补贴的收益，则会选择反馈真实的信息公开状况，则所有的下级政府向上级政府发出的信号均为真实信息。

第二，上级政府根据下级政府传递的信息就能够做出准确的判断，以此构成了上级政府所期望的均衡结果;下级政府会根据自己的真实水平,客观地申请额度类型。

第三,上级政府会按照申请给予相应类型的财政补偿,则后验概率分别为:$p(g/h)=1$,$p(b/h)=0$,$p(g/l)=0$,$p(b/l)=1$。

对于上级政府而言,如果下级政府申请高额财政补偿,给予批准时的收益为:$E=E_1=Vg-Dh$,拒绝给予补偿时的收益为 $E=E_3=Vg-2L+Vb$,$E_1>E_3$;如果下级政府申请低补贴,上级政府给予低额财政补偿的收益为 $E=E_2=Vg-Dl-M+Vb-Dl$,此时,上级政府给予低额补偿的财政收入大于拒绝给予补偿的收益,即:$E_2>E_3$。因此,上级政府给予下级政府财政补偿是绝对上策。同理,对于下级政府而言,如果自身的信息公开程度高,一定会选择申请高额财政补偿;如果自身的信息公开程度低,也一定会选择低额财政补偿。综上,下级政府按真实类别申请财政补偿,上级政府选择满足下级政府申请,给予下级政府一定的补贴和奖励,从而保证分离均衡的状态,使得博弈达到完美的贝叶斯均衡。

(四) 博弈结果与结论

(1) 上级政府最优策略的选择,和下级政府的作假概率 α 密切相关。

当 $\alpha=1$ 时,均衡结果与混同均衡的结果一样。如果上级政府不采取得力措施,那么关于信息公开政策下的支付转移政策将会朝着越来越恶劣的态势发展。当 α 越来越小时,说明上级政府面向下级政府的支付转移机制下的财政补偿,将会朝着越来越好的态势发展。当 $\alpha=0$ 时,该均衡结果与分离均衡的结果一样,说明下级政府传递的信号完全可信。其中,分离均衡是转移支付下的财政补偿政策完全成功的最优状态。

(2) 上下级政府的行为策略,与微政时代信息公开的发展阶段密切相关。

微政时代信息公开的初始阶段,上级政府与下级政府间的博弈处于混同均衡状态。上级政府的管理监管工作尚不完善,信息公开程度低的下级政府，会企图通过伪装的手段逃避上级政府的监察和处罚；信息公开程度高的下级政府，会逐渐在演化选择中被排挤。微政时代信息公开的发展阶段，上级政府与下级政府间的博弈处于准分离均衡状态。信息公开程度低的下级政府，以 α 的概率伪装自己的真实类型。当 α 越来越大时，微政时代信息公开态势越来越严重，支付转移政策也会越来越复杂；当 α 越来越小时，表明越来越多的下级政府愿意主动或被动地选择传递真实信号，上级政府由此做出的决策将是最优的。微政时代信息公开的完善阶段，上级政府与下级政府间的博弈处于分离状态。上级政府与下级政府之间信息完全对称，下级政府传递的信号都是真实的，上级政府能够做出科学的判断和最优的决策。

综上，为更好地推进信息公开，上级政府必须对下级政府传递信息的真实性进行慎重的判断，其关键在于正确判断下级政府所处阶段，根据不同阶段，强化不同的影响因素。为了实现分离均衡，保证微政时代信息公开和信息传递的完全对称，使下级政府在信息公开过程中的信息传输交流真实有效，需要重点引入和强化监督信号的作用。因此，下文将运用演化博弈模型，考虑公平关切和监督信号双重作用，进一步分析信息公开管理者与供给者之间的行为特征与影响因素。

二、信息公开管理者与供给者的行为演化及仿真研究

微政时代信息公开行为存在诸多的影响因素和主体，从演化博弈角度分析相关主体行为的动态演化过程，有利于规范微政时代信息公开行为，推动信息公开服务健康发展。因此，本书将基于公平关切和监督信号双重作用，分析上级政府与下级政府在信息公开中的行为演化和策略选择过程，并使用 MATLAB 仿真演示不同参数限制条件下的演化均衡策略，以构建基于竞争机制的上下级政府间信息公开行为的动力系统。

（一）问题的提出

自从信息公开进入微政务时代以来，关于信息公开各个主体特征和行为的研究层出不穷。最初，研究焦点集中于单个主体（政府或公众）的行为特征、影响因素与规律变化。刘晓娟等（2013）以政务微博为研究主体，认为政务微博作为官民互动和网络问政的重要手段，其传播效果对于政府文化建设有重要的影响。但是，并非每个政务微博都能在传播过程中达到理想的效果，所以他们运用了统计学分析方法，从微博内容、发布时间以及来源机构特征等维度分析微博的各项特征与用户转发行为的相关性，进而得出政务微博传播效果的影响因素，最终对政务微博的发展提出可行性建议①。

Francisco J. A. 等（2014）认为以信息和通信技术为基础的微政时代信息公开，是旨在实现可持续发展良好治理的关键要素。所以，他们通过分析某一实例政府网站的内容及其与某些变量的关系，探寻可能促进其政府可持续性信息公开的因素，最终发现：在线信息公开的数量、公开信息的比例，与政府披露可持续性信息高度有关②。

姜笑君等（2016）认为政务微博与政务微信两大“微政务”平台在信息公开、网络舆论引导、便民服务、树立政府形象等方面发挥着越来越重要的作用。但由于部分地方政府官员的官僚作风和对新媒体特点把握不到位等原因，导致“微政务”平台在运营过程中出现开通跟风、维护懈怠等问题。为此，应该从增强地方政府的服务行为入手，提高地方政府机构应用传播媒介的能力，建立部门间的协调运行机制，从而提高地方政府“微政

---

① 刘晓娟、王昊贤：《基于微博特征的政务微博影响因素研究》，《情报杂志》2013年第32期：35—41。

② Francisco J. A.，Andrés N. G. and David O. R.，“Factors influencing the transparency of sustainability information in regional governments: an empirical study,” *Journal of Cleaner Production* 82, No. 11 (2014): 179—191.

务”平台的运营水平，实现政府形象传播与公众认知的协调一致①。

Fuli(2016)从一个以地理信息系统为中心的、基于社交媒体的动态决策支持系统(GIS-SM-DDSS)原型的设计开发角度，探究了通过该系统将地理信息与 Twitter 技术相结合，使自组织的信息网络能够支持紧急情况下的决策和集体行动。系统使用者包括政府决策者、当地社区具有高度影响力的社会领袖、政策执行者和受灾害影响的城市公民；系统主要功能包括动态灾害风险分析、及时向社区居民传播疏散策略、实时检测环境风险和疏散支持等。另外，本文还结合地理信息系统与社会化网络媒体建立微政务应用模型，为政府应急行为提供参考②。

汤志伟等(2016)和 Harris 等(2014)通过问卷调查和数据分析，结合结构方程模型(Structural Equation Model, SEM)进行假设检验和模型拟合，探究了微政务中的公众参与问题。研究发现：社会网络、社会信任和社会规范均正向影响政府信任，进而对公众参与意向产生正向作用，即社会资本越丰富，公众越信任政府，参与意向越强烈。所以，政府部门应从丰富公众社会资本入手，培育政府信任，提升微政时代信息公开的公众参与度③④。

随着研究的深入，微政时代信息公开中多个主体(政府和公众)行为规律和彼此关系日益重要。王绍东等(2014)运用演化博弈方法研究了电

---

① 姜笑君、刘钰潭：《地方政府“微政务”平台运营的问题与对策》，《新闻研究导刊》2016 年第 7 期：1—2。

② Fuli Ai, “A dynamic decision support system based on geographical information and mobile social networks: A model for tsunami risk mitigation in Padang, Indonesia,” *Safety Science* 90 (2016): 62—74.

③ 汤志伟、钟宗炬、张会平：《社会资本对“微政务”公众参与意向的影响研究》，《现代情报》2016 年第 36 期：9—15。

④ Jenine K Harris, “Are Public Health Organizations Tweeting to the Choir? Understanding Local Health Department Twitter Followership,” *Journal of Medical Internet Research* 16, No. 12 (2014): 131—140.

子政务服务中地方政府和公众的群体博弈行为规律，构建了单次动态博弈模型，解释了电子政务服务中双方群体的行为特征和利益关系，分析了地方政府和公众的行为特征和利益关系①。Shareef 等（2016）以孟加拉国、加拿大和德国三个不同国家为例，对微政时代信息公开中政府与公众行为进行了关联分析，探究了跨文化差异对微政时代信息公开的接受程度②。刘增光（2016）认为公众用户的持续使用行为是政务微博是否成功的关键，为此，作者在研究公众用户使用动机的基础上，基于期望确认模型，建立了影响用户持续使用意愿的模型，并采用结构方程模型对理论模型和研究假设进行实证分析③。崔露方（2016）通过运用演化博弈模型，分析了同级政府间信息公开的行为特征和利益关系，探究了双方群体博弈的行为规律，进而分析了同级政府间信息公开的均衡策略④。

总结已有研究成果可以发现：就研究内容而言，一方面，微政时代信息公开主体间的行为关系研究还比较薄弱，忽视了信息公开主体间的行为演变和策略调整是一个动态的过程；另一方面，没有充分考虑“政府”的职责，没有根据政府各层级职责、分工的不同，进行更加细致的分类研究。就研究方法而言，逐渐从定性研究转向定量研究，并且在定量的模型中考虑公平关切这一主体的非理性因素⑤，但是对公平关切的界定采用了绝对公平方式，没有考虑双方主体的能力以及贡献力不同，忽视了政府间始

① 王绍东、陆敬筠、朱晓峰：《电子政务服务中地方政府与公众行为的演化博弈研究》。

② Shareef M A and Dwivedi Y K, “Citizens' Adoption Behavior of Mobile Government (mGov): A Cross-Cultural Study,” *Information Systems Management* 33, No. 3 (2016): 268—283.

③ 刘增光：《政务微博使用动机对持续使用意愿的影响研究》，《武汉理工大学学报》2016 年第 1 期：566—569。

④ 崔露方、翟利鹏、朱晓峰：《基于演化博弈的同级政府间信息公开研究》，《情报理论与实践》2016 年第 39 期：56—60。

⑤ 朱晓峰、崔露方、潘芳：《基于公平关切的微政务信息公开收益共享契约研究》，《现代情报》2017 年第 37 期：31—36。

终存在着监督行为，更没有考虑到政府主体的公平关切行为与监督行为的交叉作用，对于微政时代信息公开行为的影响。

综上，本书根据不同层级职责、分工的不同，将微政时代信息公开中"政府"分为两类主体：以上级政府为代表的信息公开管理者和以下级政府为代表的信息公开供给者。通过构建公平关切—监督信号双重作用下的微政时代信息公开行为演化博弈模型，一方面，探究上级政府、下级政府在信息公开中行为的动态演变过程以及策略调整过程，另一方面，探究公平关切、监督信号在上级政府、下级政府行为演化过程中的具体作用、影响过程以及影响程度，使理论模型更符合实际情况，为更好地开展信息公开服务提供可信参考和依据。

（二）基本假设与模型构建

微政时代信息公开演化博弈模型中有两个参与群体：以上级政府为代表的信息公开管理者、以下级政府为代表的信息公开供给者。上级政府在微政时代信息公开中的行为策略有：监督、不监督；下级政府在微政时代信息公开中的行为策略有：信息公开、信息不公开。

假设1：下级政府实施信息公开行为的比例为 $x(0\leqslant x\leqslant 1)$，实施信息不公开行为的比例为 $1-x$；上级政府实施监督行为的比例为 $y(0\leqslant y\leqslant 1)$，实施不监督行为的比例为 $1-y$。

假设2：下级政府实施信息公开行为会付出一定的成本，将成本表示为 C_l。

假设3：上级政府实施监督行为，会付出一定的成本 C_u，当上级政府实施不监督行为时，$C_u=0$。

假设4：下级政府实施信息公开的激励契约 S 为：$S(\pi)=\alpha+\beta(\pi-\alpha)+R$。其中，$\pi$ 为微政时代信息公开过程中的总收益，α 为上级政府给予下级政府的固定支付；β 为上级政府根据下级政府信息公开行为效果给予的收益分成系数，当下级政府实施信息不公开行为策略时，$\beta=0$；R 为上级政府实施监督行为时给予下级政府的监督信号，具体而言，在上级政府实施监督行为情况下，R 是对下级政府实施信息公开行为给予的奖励；当下级政府实施信息不公开行为策略时，R 为上级政府对于下级政府实施信息不公开行为的惩罚。

假设 5：上级政府实施不监督行为时，会面临着一定的损失 P，具体包括社会威信以及人民口碑的降低。

假设 6：上下级政府在微政时代信息公开中，不应该考虑绝对意义的公平（即以对方收益作为自身收益的参考点），而是应该考虑相对意义的公平（即以相对能力和实际贡献为自身收益的参考点）。

基于上述假设，本书采用 Nash 讨价还价公平解作为双方相对公平解，即从综合双方的实力与贡献的角度提出合理的收益分配方案[①]。假设由 Nash 讨价还价模型得出的公平解为$(\overline{\pi_h},\overline{\pi_l})$，则上下级政府的效用分别为：$u_h=\pi_h+\lambda_h(\pi_h-\overline{\pi_h})=(1+\lambda_h)\pi_h-\lambda_h\overline{\pi_h}$ 和 $u_l=\pi_l+\lambda_l(\pi_l-\overline{\pi_l})=(1+\lambda_l)\pi_l-\lambda_l\overline{\pi_l}$。其中，$\lambda_h$、$\lambda_l$ 分别为上下级政府的公平关切系数，$\lambda_h>0$、$\lambda_l>0$，$\overline{\pi_h}$、$\overline{\pi_l}$分别为双方认为对自身公平的参考解，并且$\overline{\pi_h}+\overline{\pi_l}=\pi$，$\pi_h+\pi_l=\pi$。根据 Nash 讨价还价博弈模型的定义和定理，从模型中计算得出公平参考解分别为：$\overline{\pi_h}=\dfrac{1+\lambda_h}{2+\lambda_l+\lambda_h}\pi$ 和$\overline{\pi_l}=\dfrac{1+\lambda_l}{2+\lambda_h+\lambda_l}\pi$。为了简化计算，本书只讨论下级政府具有公平关切、上级政府公平关切中性的情形，即 $\lambda_l=\lambda$，$\lambda_h=0$。此时，上级政府与下级政府认为对自身公平的公平解分别为：$\overline{\pi_h}=\dfrac{1}{2+\lambda_l}\pi$ 和$\overline{\pi_l}=\dfrac{1+\lambda_l}{2+\lambda_l}\pi$。

此时，可以将上级政府、下级政府的效益计算如下：上级政府（管理者）的净收益函数为 $\pi_h=\pi-S(\pi)-C_u$；下级政府（供给者）的净收益函数为 $\pi_l=S(\pi)-C_l$。因此，管理者效用函数：$u_h=(1+\lambda_h)\pi_h-\lambda_h\overline{\pi_h}=\pi_h$，下

① 杜少甫、朱贾昂：《讨价还价公平参考下的供应链优化决策》，《管理科学学报》2013 年第 16 期：68—72。

级政府效用函数：

$$u_1=(1+\lambda_1)\pi_1-\lambda_1\pi_1=(1+\lambda)(S(\pi)-C_1)-\lambda\frac{1+\lambda}{2+\lambda}\pi$$

综上，上级政府、下级政府在微政时代信息公开中的收益支付矩阵，如表 4－3 所示。

表 4－3　微政时代信息公开行为演化收益支付矩阵

下级政府＼上级政府	监督	不监督
信息公开	$\frac{1+\lambda}{2+\lambda}\{(2+\lambda)[(1-\beta)\alpha+R]+((2+\lambda)\beta-\lambda)\pi-2C_1+\lambda C_u\}$，$(1-\beta)(\pi-\alpha)-R-C_u$	$\frac{1+\lambda}{2+\lambda}[(2+\lambda)(1-\beta)\alpha+((2+\lambda)\beta-\lambda)\pi-2C_u+\lambda P]$，$(1-\beta)(\pi-\alpha)-P$
信息不公开	$(1+\lambda)\left[(\alpha-R)+\frac{\lambda}{2+\lambda}C_u\right]$，$R-\alpha-C_u$	$(1+\lambda)\left[\alpha+\frac{\lambda}{2+\lambda}P\right]$，$-\alpha-P$

（三）演化博弈分析

（1）演化过程的均衡点

下级政府实施信息公开行为时的期望收益为：

$$U_1^{y1}=y\frac{1+\lambda}{2+\lambda}\{(2+\lambda)[(1-\beta)\alpha+R]+((2+\lambda)\beta-\lambda)\pi-2C_1+\lambda C_u\}+(1-y)\frac{1+\lambda}{2+\lambda}[(2+\lambda)(1-\beta)\alpha+((2+\lambda)\beta-\lambda)\pi-2C_1+\lambda P]$$

下级政府实施信息不公开行为时的期望收益为：

$$U_1^{y2}=y(1+\lambda)\left[(\alpha-R)+\frac{\lambda}{2+\lambda}C_u\right]+(1-y)(1+\lambda)\left[\alpha+\frac{\lambda}{2+\lambda}P\right]$$

则下级政府的平均收益为：$\overline{U_1}=xU_1^{y1}+(1-x)U_1^{y2}$

在得到下级政府实施信息公开行为时的期望收益以及平均收益之后，可以构造下级政府的复制动态方程为：

$$\frac{\mathrm{d}x}{\mathrm{d}t}=x(U_{\mathrm{l}}^{y1}-\overline{U_{\mathrm{l}}})=\frac{1+\lambda}{2+\lambda}x(1-x)\{2y(2+\lambda)R-\{2C_{\mathrm{l}}+[\lambda-\beta(2+\lambda)]\pi+(2+\lambda)\alpha\beta\}\}$$

同理，可以得到上级政府的复制动态方程为：

$$\frac{\mathrm{d}y}{\mathrm{d}t}=y(U_{\mathrm{h}}^{x1}-\overline{U_{\mathrm{h}}})=y(1-y)[(1-2x)R-C_{\mathrm{u}}+P]$$

因此，微政时代信息公开行为的演化，可以通过下级政府的复制动态方程和上级政府的复制动态方程组成的系统来描述。由$\frac{\mathrm{d}x}{\mathrm{d}t}=0$和$\frac{\mathrm{d}y}{\mathrm{d}t}=0$，可以得到信息公开行为演化的 5 个局部平衡点，分别是：$E_1=(0,0)$、$E_2=(0,1)$、$E_3=(1,0)$、$E_4=(1,1)$、$E_5=\left(\frac{1}{2}+\frac{P-C_{\mathrm{u}}}{2R(\mathrm{e}+\theta_2)},\frac{b\mathrm{e}^2+\rho\sigma^2+[\lambda-\beta(2+\lambda)](pq\mathrm{e}+\theta_1)+(2+\lambda)\alpha\beta}{2(2+\lambda)R(\mathrm{e}+\theta_2)}\right)$。

（2）均衡点及稳定性分析

对于微政时代信息公开行为演化的稳定性，可以借助于雅克比矩阵的稳定性求出。将上级政府、下级政府的复制动态方程分别对 x、y 求偏导数，可得到信息公开行为演化的雅克比矩阵：

$$J=\begin{bmatrix}\frac{1+\lambda}{2+\lambda}(1-2x)\{2y(2+\lambda)R-\{2C_{\mathrm{u}}+[\lambda-\beta(2+\lambda)]\pi+(2+\lambda)\alpha\beta\}\} & \frac{1+\lambda}{2+\lambda}x(1-x)[2R(2+\lambda)] \\ -2y(1-y)[R-C_{\mathrm{u}}+P] & (1-2y)[(1-2x)R-C_{\mathrm{u}}+P]\end{bmatrix}$$

微政时代信息公开行为演化均衡点 E_i 的局部稳定性，可以通过该点的雅克比矩阵特征值 η_i 确定①：如果某均衡点处的特征值均为负数，则该均衡点处于局部的稳定状态；如果某均衡点处的特征值至少一个为正数，则该均衡点不是稳定状态；如果某均衡点处特征值为 0，则该均衡点为信

① 陈劲、殷辉：《协同创新情景下产学研合作行为的演化博弈仿真分析》，《科技进步与对策》2014 年第 31 期：1—6。

息公开行为演化系统中的鞍点。

微政时代信息公开行为演化5个局部平衡点的局部稳定性，在不同的参数限制条件下，使得信息公开行为演化过程呈现不同的稳定状态(如表 4 - 4 所示)。

表 4 - 4　不同限制条件下的局部均衡点稳定性

均衡点	限制条件 / 特征值符号 / 特征值	情形一		情形二		情形三		情形四	
		$[\beta(2+\lambda)-\lambda]\pi-(2+\lambda)\alpha\beta<2C_u$	$<$	$<$	$<$	$>$	$>$	$>$	$<$
		$R+P<C_u$	$<$	$>$	$>$	$>$	$<$	$>$	$>$
		$P<C_u$	$<$	$>$	$<$	$<$	$<$	$>$	$>$
		$2R(2+\lambda)<\{2C_u+[\lambda-\beta(2+\lambda)]\pi+(2+\lambda)\alpha\beta$	$>$	$<$	$<$	$>$	$>$	$>$	$>$
$E_1=(0,0)$	$-\frac{1+\lambda}{2+\lambda}\{2C_l[\lambda-\beta(2+\lambda)]\pi+(2+\lambda)\alpha\beta\}$	$-$	$-$	$-$	$-$	$+$	$+$	$+$	$-$
	$[R-C_u+P]$	$-$	$-$	$+$	$+$	$+$	$-$	$+$	$+$
$E_2=(0,1)$	$\frac{1+\lambda}{2+\lambda}\{2R(2+\lambda)-\{2C_l+[\lambda-\beta(2+\lambda)]\pi+(2+\lambda)\alpha\beta\}$	$-$	$+$	$-$	$-$	$+$	$+$	$+$	$+$
	$[C_u-R-P]$	$+$	$+$	$-$	$-$	$-$	$+$	$-$	$-$
$E_3=(1,0)$	$\frac{1+\lambda}{2+\lambda}\{2C_l+[\lambda-\beta(2+\lambda)]\pi+(2+\lambda)\alpha\beta$	$+$	$+$	$+$	$+$	$-$	$-$	$-$	$+$
	$[P-R-C_u]$	$-$	$-$	$+$	$-$	$-$	$-$	$+$	$+$
$E_4=(1,1)$	$\frac{1+\lambda}{2+\lambda}\{2C_l+[\lambda-\beta(2+\lambda)]\pi+(2+\lambda)\alpha\beta-[2R(2+\lambda)]\}$	$+$	$-$	$+$	$+$	$-$	$-$	$-$	$-$
	$[R+C_u-P]$	$+$	$+$	$-$	$+$	$+$	$+$	$-$	$-$
E_5	$\frac{(1+\lambda)[P+R-C_u][R+C_u-P]}{2R}$ $\frac{M(M+2(2+\lambda)R][P+R-C_u]}{2(2+\lambda)R}$	$Tra=0$		$Tra=0$		$Tra=0$		$Tra=0$	

注：$M=2C_u+[\lambda-\beta(2+\lambda)]\pi+(2+\lambda)\alpha\beta-2R(2+\lambda)$。

因此，上述四种情形下信息公开行为演化稳定性，如表 4－5 所示。

表 4－5　四种情形下的演化稳定性分析

均衡点 \ 稳定性 \ 情形	情形一	情形二	情形三	情形四
$E_1=(0,0)$	稳定	不稳定	不稳定	不稳定
$E_2=(0,1)$	不稳定	稳定	不稳定	不稳定
$E_3=(1,0)$	不稳定	不稳定	稳定	不稳定
$E_4=(1,1)$	不稳定	不稳定	不稳定	稳定
E_5	鞍点	鞍点	鞍点	鞍点

（四）演化稳定性仿真研究

（1）演化稳定状态仿真

为了更加深入、直观地展现微政时代信息公开行为的演变过程，本书运用 Matlab 仿真演示不同的参数限制条件下，信息公开管理者（上级政府）与信息公开供给者（下级政府）的行为演化趋势。

① 当$[\beta(2+\lambda)-\lambda]\pi-(2+\lambda)\alpha\beta<2C_l$；$R+P<C_u$；$P<C_u$；$2R(2+\lambda)\neq 2C_l+[\lambda-\beta(2+\lambda)]\pi+(2+\lambda)\alpha\beta$时，微政时代信息公开行为演化的均衡点为 $E_1=(0,0)$。

假设参数 $\lambda=0.4$，$\pi=16$，$\alpha=4$，$\beta=0.4$，$C_l=6$，$R=1$，$P=2$，$C_u=4$。并将下级政府、上级政府行为的初始比例分别设置为：(0.1，0.9)(0.9，0.1)，上级政府、下级政府的信息公开行为演化过程如图 4－2 所示。

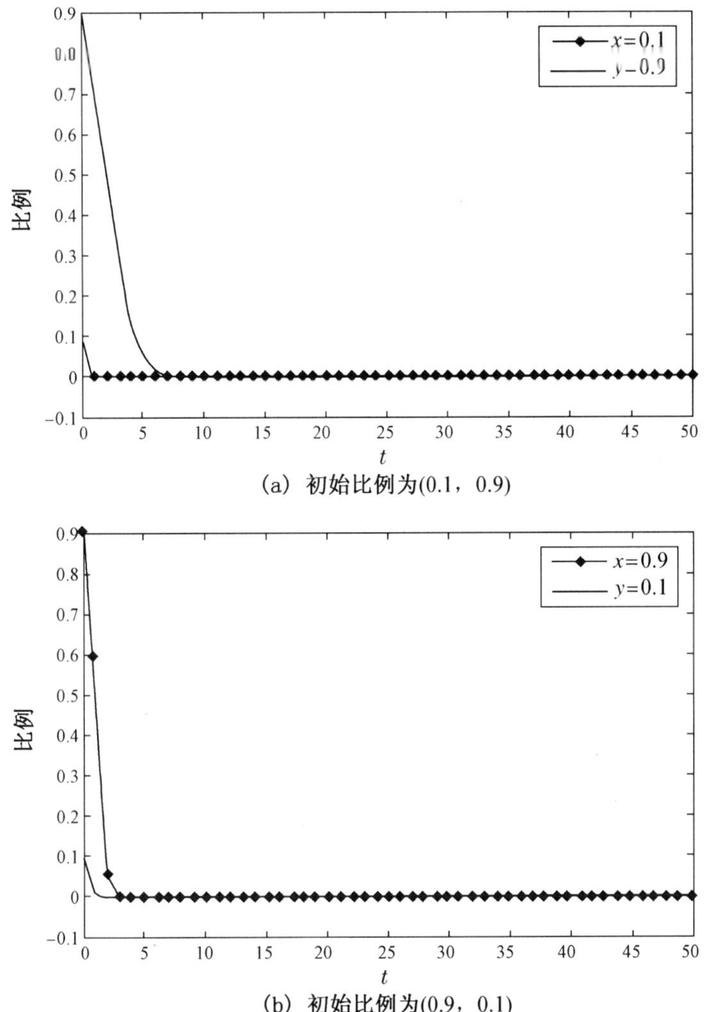

(a) 初始比例为(0.1，0.9)

(b) 初始比例为(0.9，0.1)

图 4－2　稳定点(0,0)演化仿真结果

如图 4－2 所示，微政时代信息公开行为的演化过程随着时间的递进，最终趋向于下级政府实施信息不公开行为，上级政府实施不监督行为，即(信息不公开，不监督)。此时，微政时代信息公开的实施效果最差，一方面，由于下级政府的“不作为”，另一方面，由于上级政府的过于宽松的政策，最终使得博弈结果偏向于“囚徒困境”。

② 当$[\beta(2+\lambda)-\lambda]\pi-(2+\lambda)\alpha\beta<2C_l$；$R+P>C_u$；$P\neq C_u$；$2R(2+\lambda)<2C_l+[\lambda-\beta(2+\lambda)]\pi+(2+\lambda)\alpha\beta$时，微政时代信息公开行为演化的均衡点为$E_1=(0,1)$。

假设参数$\lambda=0.4$，$\pi=16$，$\alpha=4$，$\beta=0.4$，$C_l=6$，$R=1$，$P=2$，$C_u=1$。并将下级政府、上级政府行为的初始比例分别设置为：(0.1，0.9)(0.9，0.1)。此时，上级政府、下级政府的信息公开行为演化过程如图 4－3 所示。

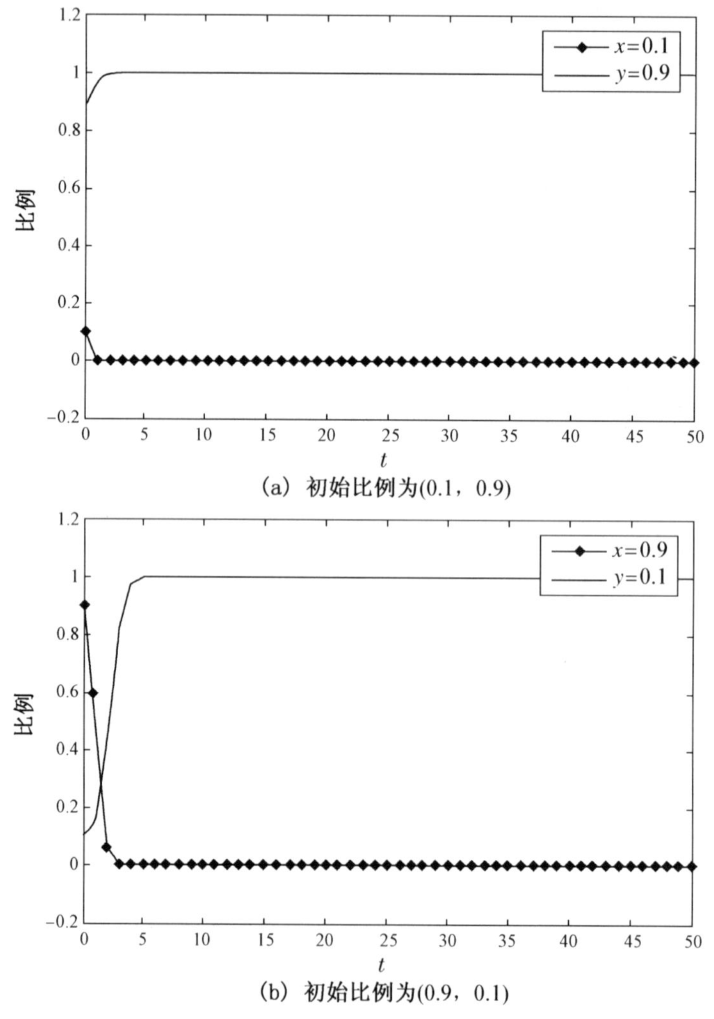

(a) 初始比例为(0.1，0.9)

(b) 初始比例为(0.9，0.1)

图 4－3　稳定点(0,1)演化仿真结果

如图 4－3 所示，微政时代信息公开行为的演化过程随着时间的递进，最终趋向于下级政府实施信息不公开行为，上级政府实施监督行为，即(信息不公开，监督)。此时，微政时代信息公开的效果较差，即使上级政府实施监督行为，期望信息公开系统收益的提升，但是在这种情况下，下级政府仍然会坚持实施信息不公开行为。

③ 当$[\beta(2+\lambda)-\lambda]\pi-(2+\lambda)\alpha\beta>2C_l$；$P<C_u$；$R+P\neq C_u$；$2R(2+\lambda)>2C_l+[\lambda-\beta(2+\lambda)]\pi+(2+\lambda)\alpha\beta$时，信息公开行为演化的均衡点为$E_1=(1,0)$。

假设参数$\lambda=0.4$，$\pi=16$，$\alpha=4$，$\beta=0.6$，$C_l=3$，$R=1$，$P=2$，$C_u=4$。并将下级政府、上级政府行为的初始比例分别设置为：(0.1，0.9)(0.9，0.1)。此时，上级政府、下级政府的信息公开行为演化过程如图 4－4 所示。

如图 4－4 所示，随着时间的递进，微政时代信息公开行为演化的最终趋向是：下级政府实施信息公开行为，上级政府实施不监督行为，即(信息公开，不监督)。此时，微政时代信息公开系统的效果还没有达到最佳，虽然下级政府已经实施信息公开行为，为增加系统收益贡献“力量”，但是由于上级政府的“缺席”，还没有达到系统收益的最佳。对$[\beta(2+\lambda)-\lambda]\pi-(2+\lambda)\alpha\beta>2C_l$进行整理可知，在上级政府实施不监督行为时，下级政府自身收益与总收益占比的提高，可以促进其实施信息公开行为。

④ 当$[\beta(2+\lambda)-\lambda]\pi-(2+\lambda)\alpha\beta\neq 2C_l$；$R+P>C_u$；$P>C_u$；$2R(2+\lambda)>2C_l+[\lambda-\beta(2+\lambda)]\pi+(2+\lambda)\alpha\beta$时，微政时代信息公开行为演化的均衡点为$E_1=(1,1)$。

假设参数$\lambda=0.4$，$\pi=16$，$\alpha=4$，$\beta=0.6$，$C_l=3$，$R=1$，$P=2$，$C_u=1$。并将下级政府、上级政府行为的初始比例分别设置为：(0.1，0.9)、(0.9，0.1)。此时，上级政府、下级政府的信息公开行为演化过程如图 4－5 所示。

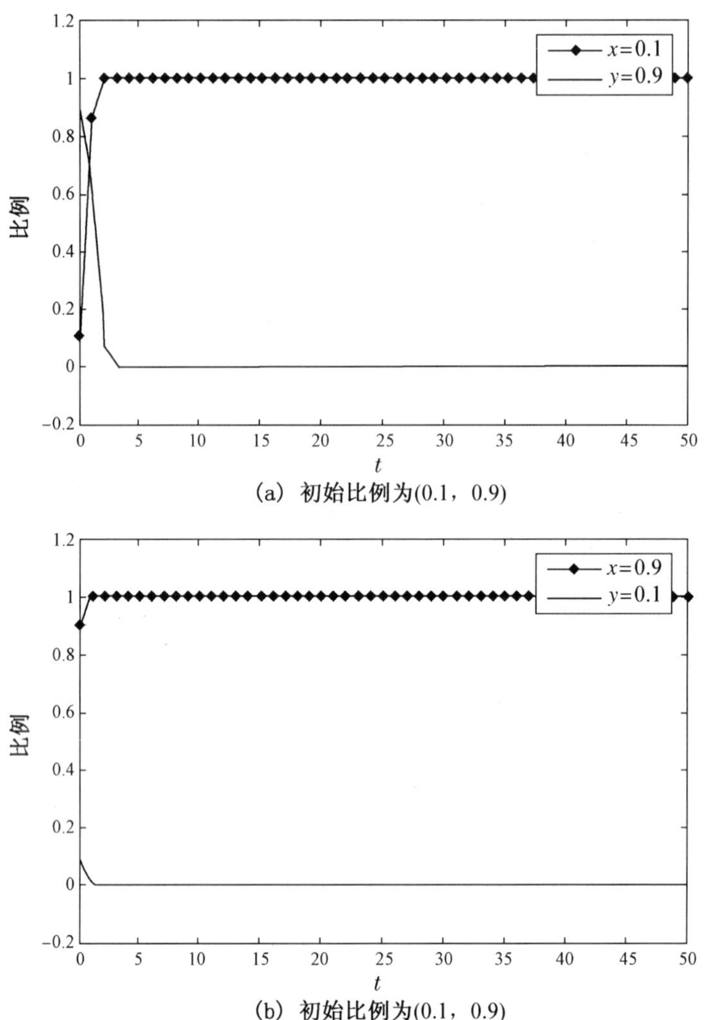

(a) 初始比例为(0.1，0.9)

(b) 初始比例为(0.1，0.9)

图 4-4　稳定点(1,0)演化仿真结果

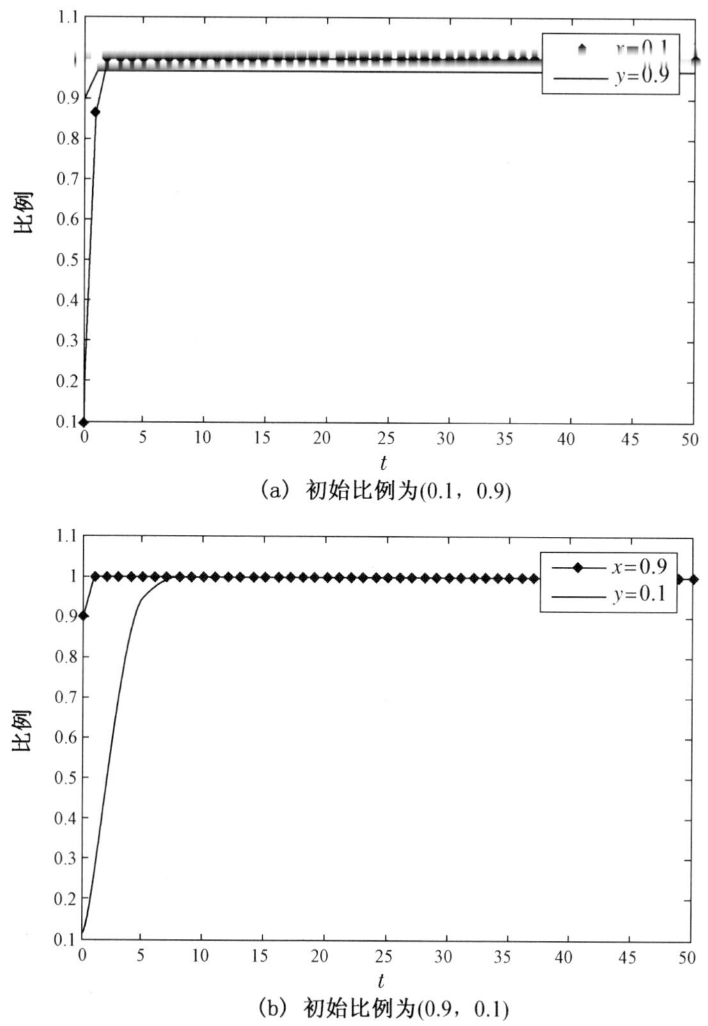

(a) 初始比例为(0.1，0.9)

(b) 初始比例为(0.9，0.1)

图 4－5　稳定点(1,1)演化仿真结果

从图 4－5 不难发现，微政时代信息公开行为演化的最终趋向是：下级政府实施信息公开行为，上级政府实施监督行为，即(信息公开，监督)。此时，信息公开的系统效果最好，上级政府、下级政府各司其职，一方面，信息公开的收益获得提升，另一方面，博弈双方各自的收益达到最佳。

(2) 稳定趋势的影响因素仿真

在前文关于不同参数限制条件下信息公开行为演化稳定状态仿真的基础上,需要进一步探讨影响信息公开行为稳定的主要因素——公平关切系数 λ 和监督信号 R,对演化稳定性的影响过程以及影响程度。以演化均衡点为(1,1)情况为例,图 4-6 展示了公平关切系数 λ、监督信号 R 对下级政府演化稳定趋势的影响。

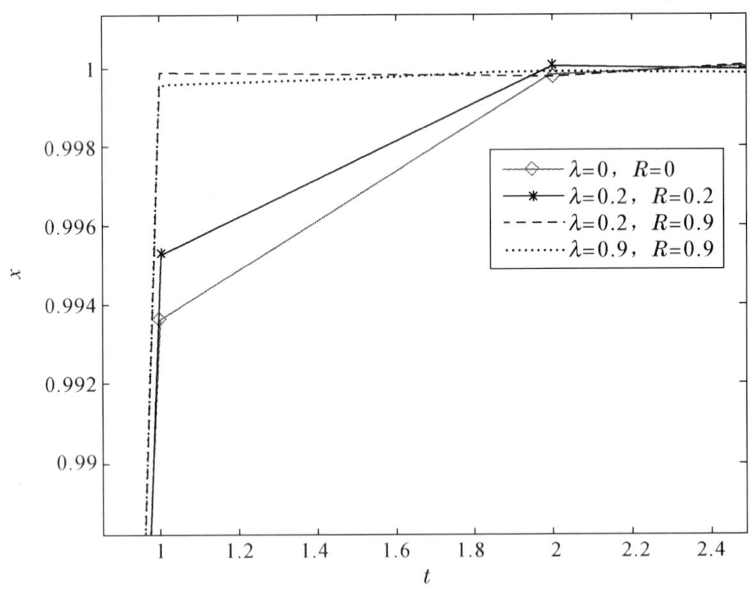

图 4-6 公平关切系数 λ、监督信号 R 对下级政府行为演化趋势的影响

由图 4-6 可以发现:第一,在公平关切系数 λ、监督信号 R 作用下的下级政府信息公开行为的演化速度更快,使得达到演化均衡的时间大大缩短。一方面,在上下级政府的博弈过程中,下级政府能够更快速根据上级政府的行为选择调整策略;另一方面,在下级政府群体之间,"变异"个体能够具有更快的策略调整速度,使得整个下级政府群体能够更迅速地趋向于实施信息公开行为。

第二,公平关切系数 λ 对于下级政府信息公开行为的影响呈现正向关系。监督信号 R 不变的情况下，公平关切系数 λ 升高，下级政府实施信息公开行为的演化速度加快，即下级政府越注重自身与上级政府收益的公平性，当观测到自身有益或者自身有损时，其策略调整速度加快。

第三，监督信号 R 对于下级政府信息公开行为的影响呈现正向关系。公平关切系数 λ 不变的情况下，监督信号 R 升高，下级政府实施信息公开行为的演化速度加快，即上级政府给予下级政府的奖励越大，其调整为实施信息公开行为的速度越快。一般的，当下级政府观测到上级政府给予的监督信号越强时，其调整行为速度越快。

第四，相对于公平关切系数 λ 而言，监督信号 R 对于下级政府信息公开行为演化速度的影响程度更大。一般的，可以将监督信号 R 视作外在的影响因素，与其对应的，可以将公平关切系数 λ 视作下级政府内在的影响因素。由此可以认为，外在激励因素（监督信号 R）对于下级政府信息公开行为演化速度的影响程度更大，内在激励因素（公平关切系数 λ）也存在影响，但是影响程度弱于外在激励因素。

综上，通过建立公平关切—监督信号双重作用下的演化博弈模型，不难发现，不同参数限制条件下的演化稳定策略以及提高下级政府的自身收益与总收益占比，能够促进其信息公开行为；公平关切系数 λ、监督信号 R 对下级政府的行为演化速度呈现促进作用，并且监督信号 R 的促进程度更大。

第二节　基于激励机制的信息公开管理者与供给者行为动力系统探究

首先，本节基于公平关切视角和委托代理关系，构建激励动力模型，分别讨论对称信息和非对称信息两种条件下上级政府（管理者）与下级政府（供给者）间激励动力的影响因素。进而，为了满足上级政府与下级政府间的信息对称条件，依托大数据背景和委托代理关系，分析上级政府与单个下级政府、上级政府与多个下级政府在微政时代信息公开过程中的互动行为和互动方式的影响因素。最终，通过设计菜单式合同与收益共享契约相结合的激励结构，从而探讨不同激励结构的激励效率及其演化路径，以期挖掘出上级政府与下级政府的最佳激励组合。

一、信息公开管理者与供给者的激励动力研究

（一）问题的提出

微政时代信息公开动力的强弱是推进信息公开进程的关键，因为政府对信息公开的努力水平，直接影响到公众利益的获得、政府公信力的构建。国内外近期关于微政时代信息公开动力的相关研究，主要包括理念驱动、制度驱动、行为驱动和用户驱动四个方面。

第一，从信息透明度出发，研究微政时代信息公开涉及的理念驱动，以提高信息公开的主动性。Renu Rana 从信息透明度出发，阐述了 OGI（政府信息公开条例）起源和发展，探讨了中国政府信息公开涉及的理念驱动①；陈婷基于网络结构决定网络功能，以优秀政务微博“北京发布”为实例，通过对不同时间段形成的知识网络的主要结构性指标进行对比分析，从知识协同视角分析了封闭性系统在内生动力作用下演变的方向和规律，研究认为政府信息的发布权必须掌握在核心权威媒体平台手中，以提高信息公开的主动性②。

第二，在分析政府间纵向分权竞争激励机制的基础上，从绩效评价等角度，研究上下级政府信息公开的制度驱动。杨宝剑等从委托代理的视角分析了政府间纵向分权竞争的激励机制原理，从政策创新、财税利益等

① Renu Rana, “China's Information Disclosure Initiative,” *China Report*, 51, No. 2(2015): 129—143.

② 陈婷、胡改丽、陈福集:《政务微博知识推送的知识网络演化研究——基于知识协同视角》,《情报科学》2016 年第 34 期:23—28。

方面分析了中央政府与地方政府间的博弈行为表现及激励效应。研究发现只有建立动态优化的委托代理契约才能更好地发挥出政府纵向分权的潜能，推动经济社会协调发展，发挥好政治集权与经济分权的制度激励作用①。

第三，在揭示不同情况下政府与公众收益变化规律的基础上，研究微政时代信息公开的行为驱动。朱晓峰等在量化上级政府针对单个下级政府、多个下级政府在信息公开过程中的互动行为基础上，构建上下级政府信息共享收益分配机制②；程琳等基于协同效应视角，运用了委托代理和MATLAB仿真软件定量分析大数据背景下政府间数据开放共享的协同效应、收益分配系数等，研究表明，收益分享比例与协同效应、自身努力水平及努力产出系数成正比，与对方努力产出成反比③。

第四，从公众参与角度，通过地方政务微博服务的公众感知质量、公众期望和政务微博服务的成熟度等，研究微政时代信息公开的用户驱动。Wang Jingbo从公众参与角度，通过地方政务微博服务的公众感知质量、公众期望和政务微博服务的成熟度等指标，研究信息公开的用户驱动问题④；韩啸从公众的参与需求出发，针对影响公众参与信息公开意愿的因素，构建微政务整合平台，完善微政时代信息公开制度建设，形成以公众参与为主体的工作机制⑤；石磊在分析地方政府信息公开服务基本内涵

---

① 杨宝剑、杨宝利：《委托代理视角下政府间纵向竞争机制与行为研究》，《中央财经大学学报》2013年第2期：1—6，13。

② 朱晓峰、崔露方、潘芳：《基于公平关切的微政务信息公开收益共享契约研究》。

③ 程琳、朱晓峰、陆敬筠：《大数据背景下政府数据开放共享平台的收益分配研究——基于协同效应视角》，《情报理论与实践》，2019年第42期：71—75。

④ Wang Jingbo, "Weighing the Public Interest in the Disclosure of Government Information," *Social Sciences in China*, 36, No. 3(2015): 37—55.

⑤ 韩啸：《公众参与政务微博意愿的影响因素研究》，博士学位论文电子科技大学，2016，第12页。

的基础上，从地方政务服务的公众感知质量、公众期望和政务微博微信等服务的成熟度三个方面，探索和分析影响地方微政务服务公众满意的基本因素，为地方政府信息公开服务建设提供建议①。

上述研究多是建立在参与者纯粹自利的基础上，没有考虑公平关切对微政时代信息公开动力的影响。实际上，人们不仅在意自身的利益，同时也在意他人的利益。所以，微政时代信息公开行为主体——政府和公众，必然受到自身和对方公平关切度的影响②，微政时代信息公开的动力因素选择和动力模型构建，必然需要考虑普遍存在的公平偏好。

综上，本书基于“公平关切”视角，借助“委托一代理”模型，通过分析对称信息和非对称信息两种条件下上下级政府最优决策间的关系，以期寻求适应不同条件的信息公开动力来源，实现微政时代信息公开收益最大化。

（二）模型的构建

微政时代信息公开过程中，作为上级政府的管理者和作为下级政府的供给者存在着委托代理关系，与传统企业间的委托代理关系的不同在于，上级政府不会把下级政府看作竞争对手，而是当作合作伙伴，共同决定微政时代信息公开质量，上下级政府不仅仅只会考虑自身的利益，还具有公平偏好。

那么，在信息公开合约的制定过程中，将下级政府的努力程度、妒忌心理强度、内疚心理强度及收益效用，引入由 Fehr 和 Schmidt 建立的公

① 石磊：《地方政务微博服务公众满意的影响因素分析》，《中小企业管理与科技（中旬刊）》2016 年第 2 期：144。

② 冯韬、石倩、朱晓峰、俞琰、潘芳：《公平关切视角下的微政务信息公开行为研究》，《情报理论与实践》2017 年第 40 期：23—27。

平偏好下收益公平的代理人效用 F-S 理论模型①。同时，上下级政府间的收益共享是一种动力支撑，而收益共享公平的判断标准，是上下级政府在微政时代信息公开所得净收益之间的量化对比②。因此，将下级政府收益与上级政府收入的 γ 倍进行比较，其中 γ 为参考依赖因子，$\gamma \in [0,1]$。当下级政府的收益低于上级政府的 γ 倍，下级政府将会产生妒忌负效用；下级政府的收益高于上级政府的 γ 倍，会对下级政府起到激励作用，从而产生自豪正效用。为此，下级政府会提高微政时代信息公开的努力程度和质量投入。此种情况下，β_i 代表的是 i 的自豪心理强度。公平偏好下信息公开 F-S 模型如式(1)所示：

$$u_i = x_i - \frac{\alpha_i}{N-1}\sum_{j \neq i}\max(x_j - \gamma x_i, 0) + \frac{\beta_i}{N-1}\sum_{j \neq i}\max(\gamma x_i - x_j, 0) \tag{1}$$

相关参数如表 4-6 所示。

表 4-6　符号说明

符号	具体描述	符号	具体描述
α_i	i 的妒忌心理强度	β_i	i 的自豪心理强度
π	下级政府的整体收益	e	下级政府的努力水平
$s_{(\pi)}$	上级政府的收益分享	c	上级政府给予下级政府的固定补贴
λ	下级政府获得的收益分享比例	$c(e)$	下级政府的质量投入成本
b	下级政府的努力成本系数	m	上级政府投入的固定成本
τ_{p}	上级政府的预期收益	τ_{a}	下级政府的预期收益
ω_{p}	上级政府的实际收益	ω_{a}	下级政府的实际收益

① 傅强、朱浩：《基于公共偏好理论的激励机制研究——兼顾横向公平偏好和纵向公平偏好》，《管理工程学报》2014 年第 3 期：190—195。

② 孙玉玲、洪美娜、石岿然：《考虑公平关切的鲜活农产品供应链收益共享契约》，《运筹与管理》，2015 年第 6 期：103—111。

（续表）

符号	具体描述	符号	具体描述
k	公平偏好系数	γ	参考依赖因子
$\bar{\omega}_0$	能忍受的最低净收益(保留效用)	ρ	风险规避度
u_p	上级政府确定性的等价净收益	u_a	下级政府确定性的等价净收益
ζ	有效因子	AC	代理成本

除了下级政府努力水平因素之外，外界不确定因素 θ 也会影响下级政府信息公开产生的收益。下级政府的整体收益为 $\pi=e+\theta$，其中，e 为下级政府的努力水平（假设下级政府的产出单位为 1）。e 和 θ 相互独立，且 θ 服从均值为 0，方差为 σ^2 的正态分布。上级政府的收益共享机制为 $s_{(\pi)}=c+\lambda\pi$，下级政府因努力水平所产生的成本 $c(e)=\frac{1}{2}be^2$，其中，$b(b>0)$ 为努力成本系数。上级政府投入的固定成本为 m，作为委托方的上级政府的预期收益为：

$$\tau_p=\pi-s_{(\pi)}-m=(1-\lambda)\pi-c-m \tag{2}$$

作为代理方的下级政府的预期收益为：

$$\tau_a=s_{(\pi)}-c(e)=c+\lambda\pi-\frac{1}{2}be^2 \tag{3}$$

具有公平偏好的下级政府，当自身收益大于上级政府收益的 γ 倍时，会产生自豪正效用 β_a；反之，会产生妒忌负效用 α_a，上级政府得到的直接效用为 τ_p，下级政府得到的直接效用为 τ_a，则下级政府的实际效益为：

$$\omega_a=\tau_a-\alpha_a\max[(\gamma\tau_p-\tau_a),0]+\beta_a\max[(\tau_a-\gamma\tau_p),0] \tag{4}$$

其中，$\alpha_a\geqslant 0$，$\beta_a\geqslant 0$，分别对应的是下级政府的妒忌偏好和自豪偏好。为了便于计算，假设 $\alpha_a=\beta_a=k\geqslant 0$，即说明由于嫉妒和自豪情绪产生的边际效应相等，$k$ 为公平偏好系数。所以，下级政府作为代理方的实际效益具体化为：

$$\begin{aligned}\omega_a&=\tau_a-k\{\gamma[\pi-s_{(\pi)}-m)-(s_{(\pi)}-c(e)]\}\\&=(1+k+k\gamma)c+r(e+\theta)-\frac{1}{2}(1+k)be^2+mk\gamma\end{aligned} \tag{5}$$

假设下级政府属于风险规避者，则下级政府的效用函数为 $u=-e^{-\rho\omega}$，下级政府的绝对风险规避度 $\rho=\frac{u''}{u'}>0$，因此，下级政府确定性的等价净效益为：$U_a=E\omega_a-\frac{1}{2}\rho r^2\sigma^2$。

由此，下级政府的期望效用为：

$$U_a=E\omega_a-\frac{1}{2}\rho r^2\sigma^2=(1+k+k\gamma)c+r(e+\theta)-\frac{1}{2}(1+k)be^2+mk\gamma-\frac{1}{2}\rho r^2\sigma^2 \tag{6}$$

假设委托人(上级政府)是风险中性，上级政府的期望收益等于期望净收益为：

$$E\tau_p=E(\pi-s_{(\pi)}-m)=(1-\lambda)e-c-m \tag{7}$$

委托-代理前提下的收益共享动力模型中，上级政府除了要激励下级政府，还必须保证自身的期望效益大于或等于保留效益 $\bar{\omega}_0$。这是委托-代理关系成立的约束条件，同时也必须满足激励相容约束①，因此，上级政府的产出分享动力模型，用公式表示如下：

$$\max_{\lambda,c}[(1-\lambda)e-c-m] \tag{8}$$

$$(IR)(1+k+k\gamma)c+re-\frac{1}{2}(1+k)be^2+mk\gamma-\frac{1}{2}\rho r^2\sigma^2\geqslant\bar{\omega}_0 \tag{9}$$

$$(IC)\max_{c}(1+k+k\gamma)c+re-\frac{1}{2}(1+k)be^2+mk\gamma-\frac{1}{2}\rho r^2\sigma^2 \tag{10}$$

(三) 模型分析与结论

本书将分别讨论在对称信息和非对称信息情况下的信息公开激励动力模型。

---

① 丁川：《基于完全理性和公平偏好的营销渠道委托代理模型比较研究》,《管理工程学报》2014 年第 1 期：185—194。

(1) 对称信息下的激励动力模型

信息对称的条件下，上级政府可以观察到下级政府为微政时代信息公开所做出的努力。在上下级政府间不存在信息壁垒的情况下，上下级政府会着眼于整体利益的最大化，对自身的努力程度进行选择。委托代理关系维系的唯一基础条件为：下级政府要确保上级政府因合作而获得的收入不低于保留效益 $\bar{\omega}_0$，满足参与约束条件（IR），激励相容约束（IC）不起作用。

经最优化处理，得出下级政府的最优努力水平，最优收益分享比例：

$$e^* = \frac{1}{b}, \lambda^* = \frac{k\gamma}{k(1+\gamma)+1} \tag{11}$$

此时，将最优解式(11)带入约束等式（IR）中，得到上级政府的最优期望效益为：

$$E\tau_{\mathrm{p}}^* = \frac{1}{1+k(1+\gamma)}\left[\left(\frac{1}{2b}-m\right)(1+k)-\bar{\omega}_0\right] \tag{12}$$

由上述均衡解可知，$\frac{\partial\lambda^*}{\partial k} = \frac{\gamma}{[k(1+\gamma)+1]^2} > 0$，$\frac{\partial\lambda^*}{\partial\gamma} = \frac{k(1+k)}{[1+k(1+\gamma)]^2} > 0$。

结论 1：对称信息条件下，下级政府的最优努力水平 e 只受努力成本系数 b 的影响，呈负相关关系；最优收益分享比例 λ 与公平偏好系数 k、参考依赖因子 γ 呈正相关，不受风险规避与否的影响。

当 $m < \frac{1}{2b} - \frac{\bar{\omega}_0(1+\gamma)}{\gamma}$ 时，$\tau_{\mathrm{a}} < \gamma\tau_{\mathrm{p}}$，下级政府（代理方）的预期收益小于上级政府（委托方）预期收益的 γ 倍。此时，下级政府产生嫉妒情绪，从而具有嫉妒偏好。因此，上级政府的公平偏好效用为负值，$\frac{\partial E\tau_{\mathrm{p}}^*}{\partial k} < 0$。为了保证上级政府的实际收益，需要提高产出分享比例。同时上级政府也要通过提高固定补贴 c，以减少上级政府和下级政府间的期望效益差距。当 $k=0$ 时，上级政府（委托人）的期望收益最优。

当 $m>\frac{1}{2b}-\frac{\bar{\omega}_0(1+\gamma)}{\gamma}$ 时，$\tau_a>\gamma\tau_p$ 下级政府（代理方）的预期收益大于上级政府（委托方）预期收益的 γ 倍。此时，下级政府产生自豪情绪，从而具有自豪偏好。因此，上级政府的公平偏好效用为正值。同时，上级政府可以通过降低固定补贴 c，用以抵减由于最优收益分享比例的增加给上级政府带来期望收益减少的部分，实现上级政府总的期望收益增加。当 $k\to+\infty$ 时，上级政府（委托人）的期望收益最优。

结论 2：对称信息条件下，当 $m<\frac{1}{2b}-\frac{\bar{\omega}_0(1+\gamma)}{\gamma}$ 时，上级政府的期望效益随着下级政府嫉妒偏好系数的增大而降低。上级政府需要通过提高固定补贴保证自身收益的增加，应尽可能选择公平偏好程度低的下级政府进行信息公开。当 $m>\frac{1}{2b}-\frac{\bar{\omega}_0(1+\gamma)}{\gamma}$ 时，上级政府的收益随着嫉妒偏好系数的增大而增加。由于最优分享系数随着自豪效用的增加而增加，上级政府只有通过降低固定补贴实现自身期望收益最优，应尽可能选择公平偏好程度高的下级政府进行信息公开。

（2）非对称信息下的激励动力模型

现实中，上级政府只能采用激励手段，驱动下级政府提高努力水平。委托代理关系维系的基础条件为：下级政府要确保上级政府因合作而获得的收入不低于保留效益 $\bar{\omega}_0$，满足参与约束条件（IR），同时满足激励相容约束条件（IC）。用（IR）等式表示 c，并带入目标函数（式 8）。经最优化处理，得出最优收益分享比例：

$$\lambda^{**}=\frac{1+k(1+\gamma)+k\gamma(1+k)b\rho\sigma^2}{1+k(1+\gamma)+[1+k(1+\gamma)](1+k)b\rho\sigma^2}<1 \tag{13}$$

下级政府最优努力水平为：

$$e^{**}=\frac{1}{b[1+(1+k)b\rho\sigma^2]} \tag{14}$$

此时，将最优解带入约束等式（IR）中，得到上级政府的最优期望效益为：

$$E\tau_{p}^{**}=(1-\lambda)e-c-m=\frac{1}{2[1+k(1+\gamma)]}$$

$$\left[\frac{(1+k)}{b+(1+k)b^{2}\rho\sigma^{2}}-2[\bar{\omega}_{0}+(1+k\gamma)m]\right] \tag{15}$$

在非对称信息条件下，令 $\zeta=b\rho\sigma^{2}$（$\rho\neq0$，下级政府为风险规避），当且称为有效因子，则 $\frac{\partial\lambda^{**}}{\partial k}=\frac{(1+k)\zeta((1+k)\zeta-k(1+\gamma))}{1+k(1+\gamma)+(1+k(1+\gamma)(1+k)\zeta)^{2}}$，当$\frac{\partial\lambda^{**}}{\partial k}>0$时，$\zeta>\frac{k(1+\gamma)}{1+k}$。

结论 3：在非对称信息均衡条件下，当下级政府为风险规避时，最优努力水平 e 随着下级政府的努力成本系数、公平偏好程度、风险规避度以及产出方差的增大而降低，这就意味着，上级政府可以通过降低下级政府的公平偏好程度来提高下级政府的努力水平。最优分享比例与固定补贴及固定成本无关，当下级政府的偏好程度一定时，最优收益分享比例随着有效因子的增大而减小，当有效因子 $\zeta>\frac{k(1+\gamma)}{1+k}$时，最优分享比例随着公平偏好的同增同减，反之，最优分享比例随着公平偏好的增大而降低，这就意味着，上级政府可以通过调节有效因子，提高分享比例，实现对下级政府的激励。

推论：在非对称信息条件下，最优努力水平为$\frac{1}{b}$，最优收益分享比例为 1。固定补贴受到下级政府公平偏好程度的影响，当 $m<\frac{1}{2b}-\bar{\omega}_{0}(1+\gamma)$，最优固定补偿随着公平偏好系数的增加而增加，上级政府的最优期望效用随着公平偏好系数的增加而降低，此时，上级政府应尽可能雇佣纯粹自利的下级政府进行信息公开。

将两种状态下的最优努力水平、最优分享比例、最优固定补贴及最优期望效益进行比较：

$$e^{*}-e^{**}=\frac{(1+k)b\rho\sigma^{2}}{b[1+(1+k)b\rho\sigma^{2}]}>0,$$

$$\lambda^{*}-\lambda^{**}=-\frac{1+k}{[1+k(1+\gamma)][1+(1+k)b\rho\sigma^{2}]}<0$$

$$c^{*}-c^{**}=\frac{(1+k)\{2+(1+k)b\rho\sigma^{2}+[(1+k)b\rho\sigma^{2}]^{2}\}}{2b[1+k(1+\gamma)][1+(1+k)b\rho\sigma^{2}]^{2}}>0$$

结论 4：非对称信息下，需要公平偏好等诸多因素共同解决动力问题。下级政府对上级政府给予的固定补贴要求降低，但收益分享比例的要求增加，以此来填补风险成本。

$AC=E\tau_{\mathrm{p}}^{*}-E\tau_{\mathrm{p}}^{**}=\dfrac{(1+k)^{2}\rho\sigma^{2}}{2[1+k(1+\gamma)][1+(1+k)b\rho\sigma^{2}]}>0$，$AC$ 为对称信息与非对称信息下上级政政府期望收益之差，称为代理成本。其中：

$$\frac{\partial AC}{\partial\rho}=\frac{(1+k)^{2}\sigma^{2}}{2[1+k(1+\gamma)][1+(1+k)b\rho\sigma^{2}]^{2}}>0$$

$$\frac{\partial AC}{\partial\sigma^{2}}=\frac{(1+k)^{2}\rho}{2[1+k(1+\gamma)][1+(1+k)b\rho\sigma^{2}]^{2}}>0$$

$\dfrac{\partial AC}{\partial k}=\dfrac{[(1+\gamma)k-(1+k)b\rho\sigma^{2}](1+k)\rho\sigma^{2}}{2[1+k(1+\gamma)]^{2}[1+(1+k)b\rho\sigma^{2}]^{2}}$，当 $\tau<\dfrac{(1+\gamma)k}{1+k}$ 时，$\dfrac{\partial AC}{\partial k}>0$。

结论 5：当有效因子 $\zeta>\dfrac{(1+\gamma)k}{1+k}$ 时，代理成本随着下级政府公平偏好系数的增加而降低。说明当 ζ 足够大时，下级政府的公平偏好促进代理成本的降低。

（四）实证分析

通过构建委托代理模型，不难发现下级政府的公平偏好程度、收益分享比例、参考依赖因子、固定补贴、固定成本、努力水平等动力因素对最优决策以及上级政府最优期望收益的影响。为了使微政时代信息公开的动力模型更有实践意义，本书以《2016 年人民日报·政务指数微博影响力报告》中排名前十的政务微博为例，利用这些政务微博的传播力、互动力、服务力数据评分值，计算出相关基本参数，并结合计算机仿真模拟进行最优解的讨论。由已知条件可确定，参数参考依赖因子 $\gamma\in[0,1]$，收益分享比例 $\lambda\in[0,1]$，公平偏好 $k\in[0,1]$，努力成本系数 $b>0$，设定努力成本系数 $b=0.2$，有效因子 $\rho\sigma^2=3$，固定成本 $m=0.1$，下级政府能忍受的最低效用 $\bar{\omega}_0=1.5$。进一步假设 γ,k 在[0,1]服从均匀分布，在区间中各取 15 组随机数，带入上下级政府的期望收益函数。

假设下级政府期望收益的参照依赖因子 $\gamma=0.8$，可得图 4-7、图 4-8、图 4-9、图 4-10。

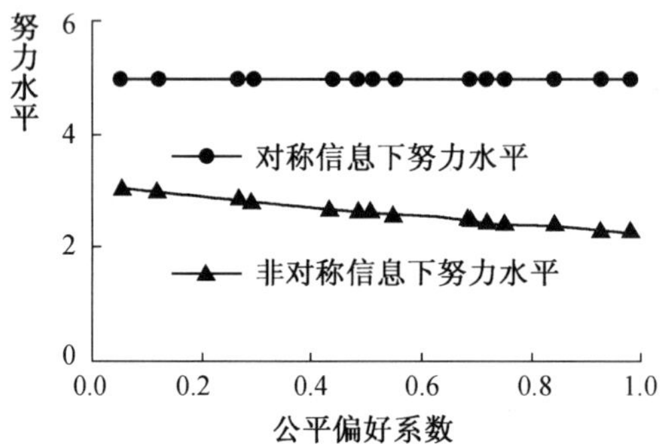

图 4-7　公平偏好对努力水平的影响

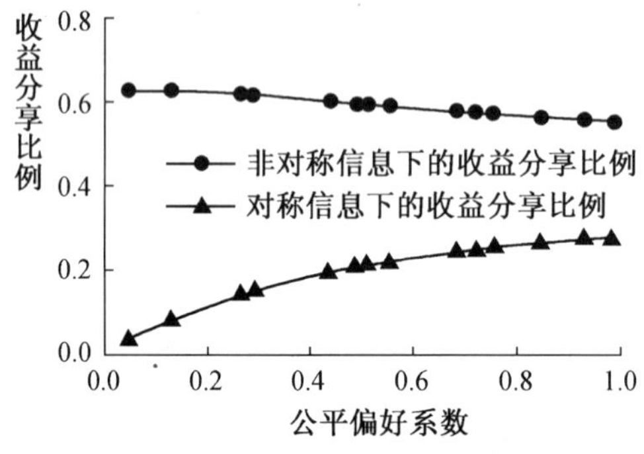

图 4-8　公平偏好对收益分享比例的影响

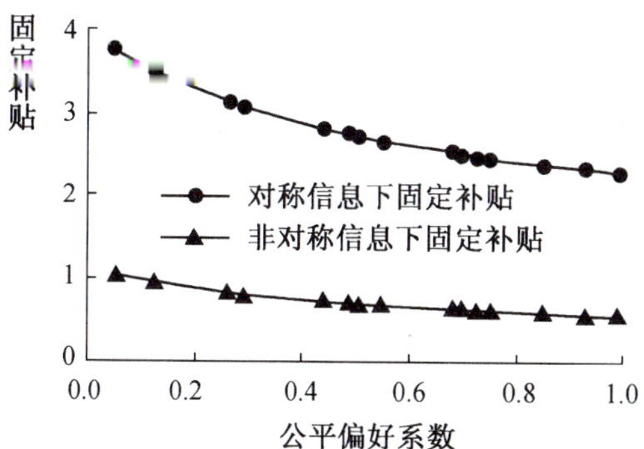

图 4-9 公平偏好对固定补贴的影响

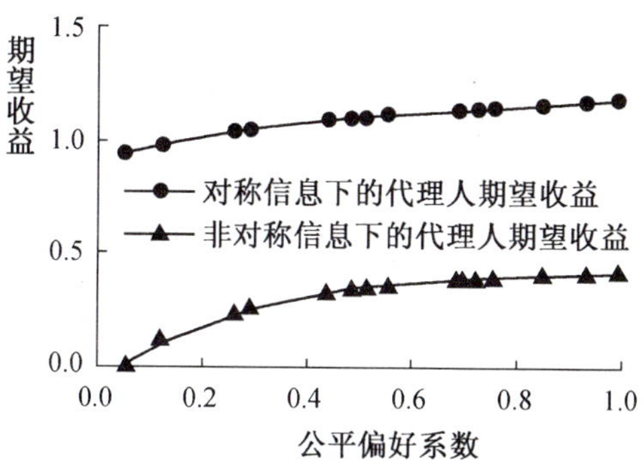

图 4-10 公平偏好对期望收益的影响

在对称信息下，当参考依赖因子一定时，下级政府的努力水平与公平偏好无关(图 4-7)，收益分享比例随着公平偏好增加而增加(图 4-8)，上级政府给予下级政府的固定补贴随之减少，从而保证上级政府收益的增加(图 4-9、图 4-10)。在非对称信息下，下级政府的努力水平、收益分享比例均随着公平偏好的增加而减少(图 4-7、图 4-8)，导致上级政府减少给予下级政府的固定补贴(图 4-9)，从而确保自身收益的增加(图 4-10)。因此，非对称信息下，上级政府需要通过降低下级政府公平偏好程度来提高下级政府的努力水平。

无论信息对称与否，上级政府的期望收益与公平偏好程度正向运动。

这就意味着，虽然下级政府的公平偏好负效用带来了努力水平的降低，但上级政府也通过降低固定补贴和收益分享比例，使得上级政府的期望效益上升。

假设下级政府的公平偏好系数 $k=0.5$，可得图 4－11、图 4－12、图 4－13、图 4－14。

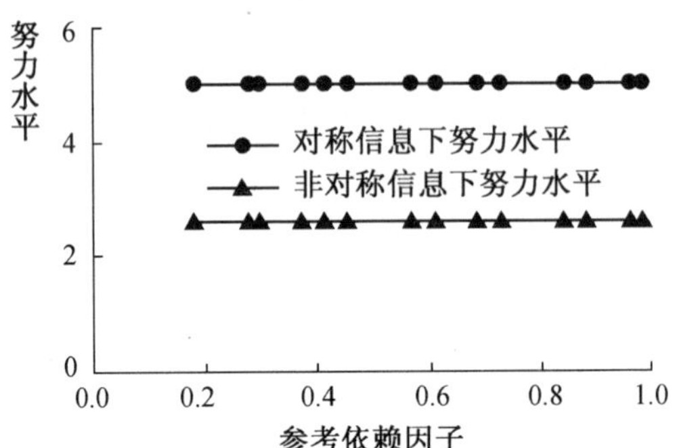

图 4－11　参考依赖因子对努力水平的影响

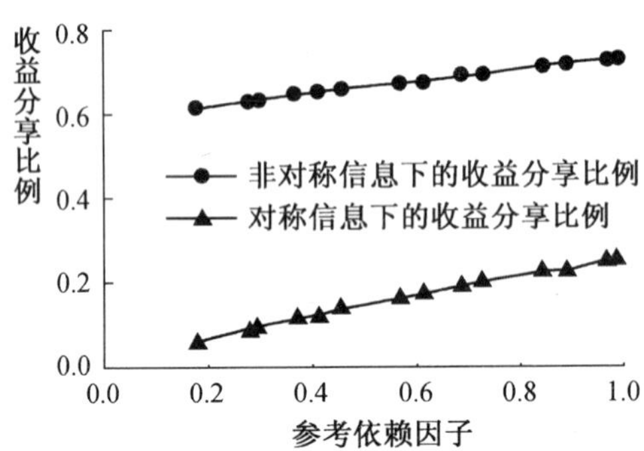

图 4－12　参考依赖因子对收益分享比例的影响

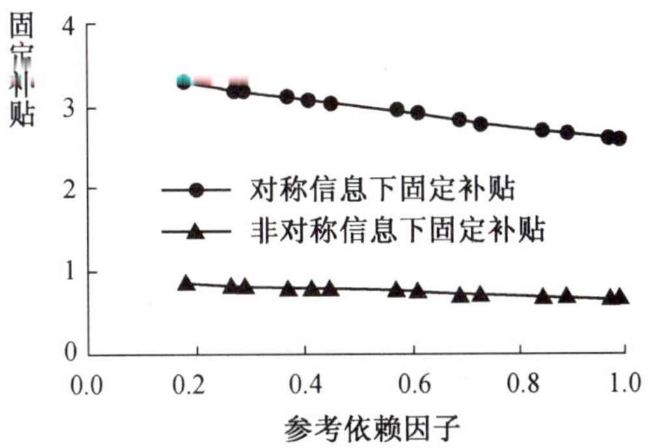

图 4-13　参考依赖因子对固定补贴的影响

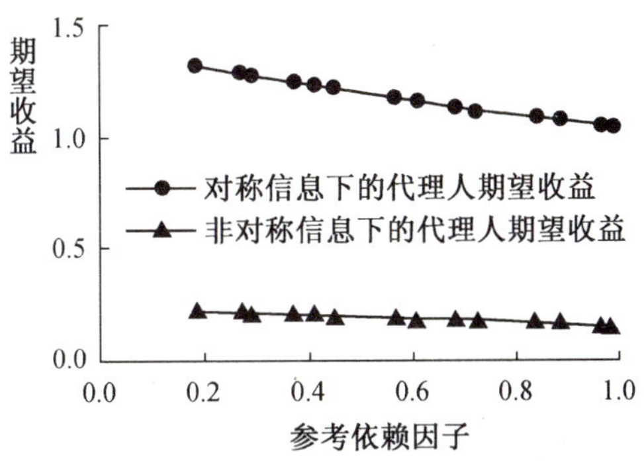

图 4-14　参考依赖因子对期望收益的影响

无论信息对称与否，当下级政府的公平偏好程度固定时，最优努力水平与参考依赖因子无关(图 4-11)，产出分享比例随着下级政府参考依赖因子的增大而增加(图 4-12)。这说明当参考依赖因子 γ 增加时，上下级政府间的收益差距减小，下级政府感受到了公平，从而选择较高的努力水平，而上级政府为了保证自身收益，会降低固定补贴的发放金额(图 4-13)；同时，上下级政府的期望收益逐渐下降(图 4-14)。

因此，推进微政时代信息公开的关键激励动力，在于判别信息对称和信息非对称这两种不同条件下的激励动力影响因素。在信息对称条件下，激励动力的影响因素是依赖因子 γ、固定成本 m 和下级政府的公平偏好系数k。在非对称信息条件下，激励动力的影响因素是下级政府风险规避度和代理成本。另外，激励动力应立足于代理成本的降低，从而减少非对称信息带来的约束作用。当有效因子ζ足够大时，代理成本AC随着下级政府公平偏好系数的增加而降低。此时，上级政府应尽可能雇佣公平偏好程度高的下级政府，通过降低代理成本促进微政时代信息公开。

二、信息公开管理者与供给者的激励过程研究

（一）问题的提出

上下级政府间的信息公开过程研究，是微政时代信息公开研究领域的难点之一。近年来，国内外的相关研究包括：第一，项目化运作视角下，以国家妇女小额贷款项目的演变过程为例，对政府间权责关系展开互动博弈研究。研究表明，在项目制下政府间权责关系的明晰，可以使下级政府能够通过倒逼机制影响上级部门的行为，从而维护地方政府利益，这实际上反映出，项目化运作不仅提供了从上至下的控制渠道，也同时增加了由下至上的反控手段①。第二，兼顾“命令-服从”模型与“讨价还价”模型，在上下级政府信息公开研究中更加应该强调以本土经验为基础，探索一种既能促进不同理论之间对话，又能呈现中国官僚机构的运行方式，还能很好理解上级与下级之间共识，达成过程的综合性分析框架②。第三，通过科学能力技术分析图，探究下级政府服务能力的政治性解决方案，并

① 陈家建、张琼文、胡俞：《项目制与政府间权责关系演变：机制及其影响》，《社会》2015年第35期：21—24。

② 倪星、谢水明：《上级威权抑或下级自主：纵向政府间关系的分析视角及方向》，《学术研究》2016年第5期：57—63。

对其能力进行评价研究①。第四，阐述基于政府数据开放的个人隐私相关理论，从政府、数据所有人以及开放数据3个层面分析个人隐私泄露风险。研究发现，政府应当完善隐私保护法律体系，建立政府主导的政策协同管理体系，成立数据开放审核机构，规范数据审查流程，采取各种技术手段保护开放数据，而数据所有者应提高数据保护意识②。

上述已有研究，多是从影响因素和利益分配的角度来探究上下级政府信息公开行为③④，采用定性分析的方式；通过我国《政府信息公开条例》的实施入手，探究我国微政时代信息公开存在的问题及解决对策⑤；或者通过建立模型与仿真分析方式，讨论上下级政府间信息公开质量等博弈与合作行为⑥。但是，这些研究没有考虑到上下级政府实施信息公开行为过程中，除了“制约-被制约”的关系外，还存在更加广泛的以上级政府为典型代表的管理者、以下级政府为代表的供应者之间存在的委托代理关系⑦。已有研究也没有考虑到在大数据背景下，上下级政府信息

---

① Myung Jin Kim and Jihoon Lee, "Political Solution Plan by Mapping of Science & Technology (S&T) Capability Analysis on Lower Level Local Governments: with Gyeonggi G-COSTII," *Journal of the Korean Cartographic Association*, 15, No. 1(2015): 69—83.

② 贾旭楠:《基于政府数据开放的个人隐私泄露风险与保护策略研究》,《情报探索》2019年第5期:67—72。

③ 朱晓峰、崔露方、陆敬筠:《国内外政府信息公开研究的脉络、流派与趋势——基于WOS与CNKI期刊论文的计量与可视化》。

④ 崔露方、翟利鹏、朱晓峰:《基于演化博弈的同级政府间信息公开研究》,《情报理论与实践》2016年第39期:56—60。

⑤ 张勤:《民营企业员工激励机制研究》,《现代经济信息》2016年第5期:100—101。

⑥ 任志成:《企业反倾销应诉与政府激励机制研究——基于演化博弈的分析》,《华东经济管理》2016年第1期:106—111。

⑦ 陆玉梅:《团队协作视角下的知识型员工责任激励机制研究》,《经济问题》2016年第1期:100—107。

公开过程中个体的行为可以量化，从不可预测向可预测、可分析方向发展①，相关定量分析的数据来源将不是障碍和问题，各项研究指标变得更加灵活、动态和可计量，从而使上下级政府信息公开行为可以先量化再优化。

基于以上分析，本书将依托于大数据的背景，运用委托代理模型，面对单个下级政府信息公开个体(即某个垂直系统，如公安系统)、多个下级政府信息公开个体(即某级政府所属各个职能部门，如南京市政府下属的公安局、卫生局、交通局等)，定量化分析上下级政府信息公开互动行为的建立和实施，以期求得上下级政府信息公开过程中最优的互动行为方式，解决微政时代信息公开上级政府、下级政府由于利益冲突引起的组织效率问题。

(二) 大数据环境下信息公开的委托代理关系分析

在公民对知情权要求日益高涨的今天，微政时代信息公开行为广泛存在，信息公开主体的行为流程(如图 4－15 所示)：

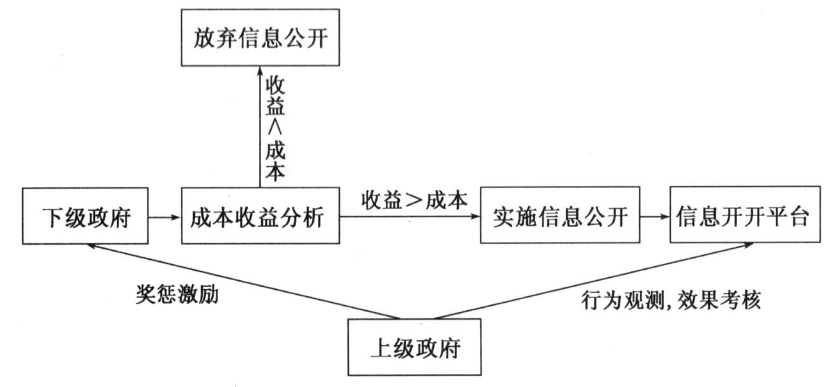

图 4－15　微政时代信息公开主体的行为流程

① 于浩:《大数据时代政府数据管理的机遇、挑战和对策》,《中国行政管理》2015 年第 3 期:127—130。

微政时代信息公开过程与一般性的委托代理过程类似，可以将政府分为两大类：上级政府、下级政府。具体来说，是以上级政府为典型代表的管理者、以下级政府为代表的供应者。因此，微政时代信息公开中的委托代理关系就是：上级政府是把控整个信息公开过程高效开展的委托人，而具体实施本部门信息公开的下级政府是代理人。从上级政府的角度来看，需要在信息公开过程中激励下级政府完成信息公开，并确保为整个政府组织带来最高的“效益”。从下级政府的角度来看，实施信息公开会消耗时间、精力，会衡量即将公开的信息是否会影响本身的“效益”。另外，在下级政府准备信息公开的过程中，可能会失去在付出同等的时间和精力下可能获得的机会和效益的提升，这部分损失被称为“机会成本”。

在传统环境下，上述收益、成本是微政时代信息公开的各个参与方通过主观经验估算出来的，如果将这些估算出来的数据放入模型中，进行信息公开激励机制的管理与决策，可能会造成巨大的偏差。

大数据的出现解决了上述瓶颈问题，在大数据时代，信息抓取更加全面，信息处理更加及时，信息分析更加准确①，微政时代信息公开的所有参与者根据自身已有信息和对方在网络行为中留下的“痕迹”，计算自身的机会成本、固定收益、激励收益等，并且能够根据成本和收益的比较分析，更加理性地对信息公开比例、拥有的信息量做出决策，减少由于主观臆断而产生的决策风险。

（三）大数据环境下信息公开的委托代理模型假设及支付函数构建

（1）模型假设

20 世纪 30 年代，美国经济学家伯利和米恩斯因为洞悉企业所有者兼具经营者的做法存在着极大的弊端，于是提出“委托代理理论”，倡导所

① 马梅、刘东苏、李慧：《基于大数据的网络舆情分析系统模型研究》，《情报科学》2016 年第 4 期：25—33。

有权和经营权分离，企业所有者保留剩余索取权，而将经营权利让渡。现代意义的委托代理的概念最早是由罗斯提出的：如果当事人双方，其中代理人一方代表委托人一方的利益行使某些决策权，则代理关系就随之产生。逐渐，委托代理理论成为制度经济学契约理论的主要内容之一。归纳而言，委托代理关系是指一个或多个行为主体根据一种明示或隐含的契约，指定、雇佣另一些行为主体为其服务，同时授予后者一定的决策权力，并根据后者提供的服务数量和质量对其支付相应的报酬。授权者就是委托人，被授权者就是代理人。委托代理模型的核心是解决委托人与代理人之间的信息不对称问题，进而解决由于信息不对称引起的“道德风险”“逆向选择”等问题①。

在微政时代信息公开的过程中，具体表现为：以上级政府为代表的委托人和以下级政府为代表的代理人之间在信息公开时，上级政府对下级政府目前拥有的信息量、信息公开的比例掌握不完全，因而下级政府利用这种信息不对称，永远站在“自身利益最高点”，使得上级政府处于非常被动的情形之下。在这种情况下，委托人（上级政府）的问题是如何根据已观测到的信息选择相应的激励机制，来激励代理人（下级政府）选择对委托人有益的行为（微政时代信息公开行为）。

委托人（上级政府）在制定相应激励机制的同时，会受到两个条件的约束：

参与约束②（IR）：一般来讲，参与约束是指代理人接受合同下的期望收益（效用）要大于其他市场机会下能获得的最大期望收益，具体体现为：下级政府在实施信息公开行为时获得收益，不能小于不实施信息公开行为获得的收益。在这里，下级政府不实施信息公开行为获得收益可以称

---

① 阿儒涵、李晓轩：《我国科技资源配置的问题分析——基于委托代理理论视角》，《科学学研究》2014 年第 32 期：276—281。

② 郭本海、黄良义：《基于“政府-企业”间委托代理关系的节能激励机制》，《中国人口资源与环境》2013 年第 23 期：160—164。

为“保留效用”，也是就前文中提到的机会成本。

激励相容约束①(IC)：一般情况下，每个理性经济人都会有自利的一面，其个人行为会按自利的规则行为行动，如果能有一种制度安排，使行为人追求个人利益的行为，正好与企业实现集体价值最大化的目标相吻合，这一制度安排，就是“激励相容”。具体体现为：上级政府只能通过让下级政府实施使其收益最大化的行为来实现自身效益最大化。

结合上述的两点约束条件，可进行以下两点合理假设：

假设一：上级政府、下级政府都是风险中性，下级政府为整个政府组织带来的收益，取决于其信息公开的比例 u 以及其拥有的信息量 v；并且，下级政府信息公开的比例 u，可以通过大数据技术在以往已经公开数据的基础上进行准确估测，信息量 v 也可以依据大数据技术通过以往其公开信息的时间密度分布、公开数据量进行全样本的评估。

假设二：整个政府组织从下级政府实施信息公开行为中所获得的收益，存在着不确定性因素，包括下级政府的心理、环境因素以及一些不可预期的突发事件等，本书将这种不确定性因素设定为 $\varepsilon=N(0,\sigma^2)$，$\varepsilon_i=N(0,\sigma^2)$(表 4－7)。

表 4－7　符号说明

符号	具体描述	符号	具体描述
$c(u)$	下级政府的成本	δ	下级政府的成本系数
u	下级政府信息公开比例	Y	下级政府从上级政府获得的收益
a	下级政府获得的固定收益	b	下级政府的激励系数
R	上下级政府的总收益	v	下级政府拥有的信息量
w	下级政府获得的净收益	w_0	下级政府能够忍受的最低净收益

① 柴振国：《我国慈善组织信息公开机制研究——以激励相容为视角》，《广东社会科学》2017 年第 3 期：205—211，256。

（续表）

符号	具体描述	符号	具体描述
α	下级政府信息公开比例的单位收益增量	β	下级政府拥有信息量的单位收益增量
U_p	上级政府期望收益	U_q	下级政府期望收益
$I(v)$	信息量分布函数 $F(x)$的风险率	χ	多主体情形下级政府的努力程度

（2）支付函数构建

① 上级政府（委托人）的期望收益函数

整个政府组织从下级政府信息公开过程中获得的收益可以表示为式（1）

$$R=\alpha u+\beta v+\varepsilon\text{（适用于单主体情形）} \tag{1.1}$$

$$R=\sum_{I=1,2}\left[R_{ip}(u_{ip})+R_{iq}(u_{iq})+\varepsilon_i\right]\text{（适用于多主体情形）} \tag{1.2}$$

其中，单主体情形下，$\alpha>0$，为下级政府信息公开比例的单位收益增量。$\beta>0$，为下级政府信息量的单位收益增量。ε 是上文假设中提到的正态分布的影响收益的波动因素。多主体情形下，$R_{ip}(u_{ip})(i=1,2)$表示激发下级政府信息公开的积极性，促使其为实施信息公开行为付出时间、精力，给整个政府组织带来的收益，$R_{iq}(u_{iq})(i=1,2)$表示为刺激下级政府将自身拥有的信息与其他下级政府共享和交流，使得自身信息公开能力以及拥有的信息量提升，为整个政府组织带来的收益。则上级政府的期望收益函数为

$$EU_p=E[R-Y] \tag{2}$$

② 下级政府（代理人）的成本函数

根据上述的假设及讨论，可以将下级政府的成本函数表示为式（3）：

$$c(u)=\frac{1}{2}\delta u^2\text{（适用于单主体情形）} \tag{3.1}$$

$$c(u_{ip})=\frac{1}{2}\delta(u_{ip})^2\text{（适用于多主体情形）} \tag{3.2}$$

③ 下级政府(代理人)的收益函数

下级政府从上级政府获得的收益为式(4)

$$Y=a+bR\text{(适用于单主体情形)} \tag{4.1}$$

$$Y_i=a_i+b_iR_i\text{(适用于多主体情形)} \tag{4.2}$$

下级政府获得的收益,一方面包括上级政府给予的固定金额的补贴 a;另一方面,还包括根据下级政府信息公开行为实施效果,上级政府给予的激励性回报。其中,$0\leqslant b\leqslant 1$。具体来说,表示上级政府会根据下级政府信息公开的比例、拥有信息量的大小以及效果给予额外的奖励。由此可以得到下级政府的净收益为式(5)

$$w=Y-c(u)=a+bR-\frac{1}{2}\delta u^2\text{(适用于单主体情形)} \tag{5.1}$$

$$w_i=Y_i-c(u_{ip})=a_i+b_iR_i-\frac{1}{2}\delta u_{ip}{}^2\text{(适用于多主体情形)} \tag{5.2}$$

并且,下级政府由于信息公开行为而付出的时间和精力是不可以逆转的,所以下级政府在实施信息公开行为时会存在一个最低的净收益 w_0,即 $w_0<w$,也就是上文中提到的机会成本。

(四) 大数据环境下单主体的供给者公开委托代理模型及行为方式

(1) 模型分析

单主体情形下,在微政时代信息公开的过程中,下级政府知道自身实际拥有的信息量,其在整个信息公开平台中表现出的信息量为 $\check{v}\in[0,\bar{v}]$;上级政府会通过下级政府表现出的信息量 $\check{v}$ 确定最优的 $a^*(\check{v})$、$b^*(\check{v})$,并且向下级政府反馈出其最优的 $u^*(\check{v})$;下级政府根据上级政府给出的建议做出最合适自身的选择。其中,设 $F(x)$ 为下级政府所拥有信息量的分布函数,$f(x)$ 为下级政府所拥有信息量的密度函数。借鉴显示原理的内涵,可以知道,下级政府将拥有的全部信息都进行公开是其能够选择的最优策略之一。所以,可以将上述的优化问题表示为

$$\{a^*(v),b^*(v),u^*(v)\}\in arg\max_{\{a(v),b(v),u(v)\}}\int_0^{\bar{v}}E[R-Y]\mathrm{d}F(v) \tag{6}$$

$$s.t.\quad \text{Ⅰ)}\ u^*\in arg\max_u EW(\check{v},\bar{v},v) \tag{IC}$$

$$\text{Ⅱ)}\ v\in arg\max_v EW(\check{v},\bar{v},v)$$

$$\text{Ⅲ)}\ EW(\check{v},\bar{v},v)\geqslant W_0\ \forall\, v \tag{IR}$$

由上式可知，Ⅰ)是基于激励相容约束而产生的约束条件；Ⅱ)是基于显性原理产生的约束条件；Ⅲ)是基于参与约束产生的约束条件。

通过一阶导数的方式来替换Ⅰ)约束条件，结合式(5)，也就是

$$EW(\check{v},\bar{v},v)=E[Y-c(u)]=a+bE(R)-\frac{1}{2}\delta u^2$$

$$=a(\check{v})+b(\check{v})[\alpha u+\beta v]-\frac{1}{2}\delta u^2 \tag{7}$$

对式(7)中的下级政府公开信息的比例 u 求一阶导数，得到如下：

$$u^*=\frac{\alpha b(\check{v})}{\delta} \tag{8}$$

根据显示原理的内涵，Ⅱ)约束等价于 $\left.\frac{\partial EW(\check{v},\bar{v},v)}{\partial\check{v}}\right|_{\check{v}=v}=0$

在令 $W(\check{v},\bar{v},v)=W(v)$，可以得出如下：

$$\frac{\mathrm{d}W(v)}{\mathrm{d}v}=\left.\frac{\partial EW(\check{v},\bar{v},v)}{\partial v}\right|_{\check{v}=v}+\left.\frac{\partial EW(\check{v},\bar{v},v)}{\partial\check{v}}\right|_{\check{v}=v}$$

$$=\left.\frac{\partial EW(\check{v},\bar{v},v)}{\partial v}\right|_{\check{v}=v}=\beta b(v) \tag{9}$$

由式(9)，并结合Ⅲ)约束条件，可以得出下级政府期望净收益为

$$EW(v)=W_0+\int_0^v\beta b(\tilde{v})d(\tilde{v}) \tag{10}$$

根据式(10)，结合式(5.1)、式(2)，可以在 $\check{v}=v$ 的情况下，得到上级政府期望收益 U_p 为

$$EU_p=E\left\{\int_0^{\bar{v}}\left[(\alpha u+\beta v)-\left(W+\frac{1}{2}\delta u^2\right)\mathrm{d}F(v)\right\}\right. \tag{11}$$

基于式(11)，将已经得出的下级政府最优的信息公开比例 u^* 式(8)以及下级政府期望净收益 $EW(v)$ 式(10)带入到式(11)中，可以得出如下式(12)：

$$EU_p = \int_0^{\bar{v}} \left[\left(\frac{\alpha^2 b(v)}{\delta} + \beta v \right) - \frac{\alpha^2 b^2(v)}{2\delta} \right] \mathrm{d}F(v) - \int_0^{\bar{v}} \left[W_0 + \int_0^{v} \beta b(\tilde{v}) \mathrm{d}(\tilde{v}) \right] \mathrm{d}F(v) \tag{12}$$

求解上式(12)，然后在对 $b(v)$ 求一阶导，得到

$$b^*(v) = 1 - \frac{\beta\delta}{\alpha^2 I(v)} \tag{13}$$

其中，$I(v) = \frac{f(x)}{[1-F(v)]}$ 是下级政府信息量的分布函数 $F(v)$ 的风险率，并且 $I_0 > 0$。

下面，对 $b(v)$ 求二阶导数，可以得到 $\frac{\partial^2 EU_p}{\partial^2 b} = -\frac{\alpha^2}{\delta} < 0$，由此可知 $b^*(v)$ 是最优的激励系数。

由 $b^*(v) \in [0,1]$ 可知 $I(v) \geqslant \frac{\beta\delta}{\alpha^2}$，所以当 $I(v) < \frac{\beta\delta}{\alpha^2}$，$b^*(v) = 0$。

由上述结果，并结合式(7)、式(8)、式(10)、式(14)，最终可以得出最优的激励机制 $\{a^*(v), b^*(v)\}$ 以及上级政府对于下级政府提出的最优的信息公开量 $u^*(v)$ 如下所示：

$\forall I(v) \geqslant \frac{\beta\delta}{\alpha^2}, b^*(v) = 1 - \frac{\beta\delta}{\alpha^2 I(v)}, u^*(v) = \frac{\alpha^2 I(v) - \beta\delta}{\alpha\delta I(v)}, a^*(v) = W_0 + \int_0^{v} \beta b^*(\tilde{v}) \mathrm{d}(\tilde{v}) + \frac{1}{2}\delta u^{*2}(v) - b^*(v)[\alpha u + \beta v]$；$\forall I(v) < \frac{\beta\delta}{\alpha^2}, b^*(v) = 0, u^*(v) = 0, a^*(v) = W_0$。

(2) 结果分析

通过求解单主体委托代理模型，不难发现：一方面，如果上级政府通过大数据技术认定下级政府拥有的信息水平在一定程度之下，即 $I(v) <$

$\frac{\beta\delta}{\alpha^2}$，上级政府将不会给予下级政府一些额外的激励，表现为 $b^*(v)=0$，下级政府仅仅获得了基础保底收益，表现为 $a^*(v)=W_0$，在这种情况下，下级政府就会消极地对待信息公开，选择信息不公开，表现为 $u^*(v)=0$。另一方面，上级政府通过大数据技术认定下级政府拥有的信息水平达到或者高于某一水平，也就是 $I(v)\geqslant\frac{\beta\delta}{\alpha^2}$，上级政府会对下级政府进行额外的激励，在这种情况下，下级政府在获得保底收益的同时，也获得了激励，将愿意付出更多的时间和精力来实施信息公开行为。

进一步的，可以计算由式(14)$b^*(v)=1-\frac{\beta\delta}{\alpha^2 I(v)}$得出的激励系数与其他参数的关系：$\frac{\partial b^*(v)}{\partial\beta}=-\frac{\delta}{\alpha^2 I(v)}<0$ $\frac{\partial b^*(v)}{\partial\delta}=-\frac{\beta}{\alpha^2 I(v)}<0$

$$\frac{\partial b^*(v)}{\partial\alpha}=\frac{2\beta\delta}{\alpha^3 I(v)}>0\quad\frac{\partial b^*(v)}{\partial I(v)}=\frac{\beta\delta}{\alpha^2 I^2(V)}>0\quad\frac{\partial b^*(v)}{\partial v}=\frac{\partial b^*(v)}{\partial I(v)}I'(v)>0$$

由上述关系可知，激励系数 $b^*(v)$与下级政府所拥有信息量的衡量系数 β、下级政府在实施信息公开行为时的成本系数 δ 呈现反比关系，与下级政府信息公开的比例系数 α、下级政府信息量分布函数 $F(v)$的风险率 $I(v)$、下级政府拥有的信息量 v 呈现正比关系，这表明：当下级政府拥有的信息水平达到一定水平，也就是 $I(v)\geqslant\frac{\beta\delta}{\alpha^2}$，上级政府要给予一定的激励，并且这种激励要随着下级政府公开信息比例的增加而增加，否则，会出现激励动力不足、下级政府信息公开率降低、热度下降等不良状况。

（五）大数据环境下多主体的信息公开委托代理模型及行为方式

一般情况下，微政时代信息公开的过程是多方参与的。考虑偏好这一影响因素，将微政时代信息公开的下级政府更加细致地分为两种类型：偏向于信息公开的下级政府（下级政府 1）和偏向于信息不公开的下级政府（下级政府 2）。本节重点研究基于委托代理模型的，多主体情况下信息公开的激励机制，从而动态调整自身的参与状态，以达到双方最优的价值输出。

(1) 模型分析

在本节中，假设微政时代信息公开过程由三种类型的角色构成：上级政府（上级政府）、下级政府 1（偏向于信息公开的下级政府）、下级政府 2（偏向于信息不公开的下级政府）。整个政府组织收益为 $R=\sum_{I=1,2}[R_{ip}(u_{ip})+R_{iq}(u_{iq})+\varepsilon_i]$，其中，$R_{ip}(u_{ip})(i=1,2)$ 表示激发下级政府信息公开的积极性，促使其为实施信息公开行为付出时间、精力，产生的直接收益；$R_{iq}(u_{iq})(i=1,2)$ 表示下级政府通过学习提升能力和信息量，产生的间接收益。整个政府组织总收益 R 式(1.2)、下级政府 i 信息公开需要的成本 $c(u_{ip})$ 式(3.2)、下级政府 i 从上级政府获得的收益 Y_i 式(4.2)、下级政府 i 的净收益模型 w_i(5.2) 前文已经给出。

① 直接收益分析

根据上述的分析和假设，可以将最优问题转化为如下方程：

$$\max_{a_{ip}b_{ip}}\sum_{i=1,2}(1-b_{ip})[R_{ip}(u_{ip})-a_{ip}] \tag{14}$$

$$\text{s. t.}\max_{a_{ip}b_{ip}}\{a_{ip}+b_{ip}[R_{ip}(u_{ip})-a_{ip}]-c(u_{ip})\}\geqslant W_0 \tag{15}$$

由式(15)对 u_{ip} 求一阶导：

$$b_{ip}=\frac{c'(u_{ip})}{R_{ip}{}'(u_{ip})} \tag{16}$$

然后，由式(16)中的 b_{ip} 对 u_{ip} 求导：

$$\frac{\partial b_{ip}}{\partial u_{ip}}=\frac{c''(u_{ip})}{R_{ip}{}'(u_{ip})}-\frac{c'(u_{ip})R_{ip}{}''(u_{ip})}{R_{ip}{}^{2\prime}(u_{ip})} \tag{17}$$

在由式(14)对 u_{ip} 求导，并结合式(17)，得到如下：

$$b_{ip}=1-\frac{[R_{ip}(u_{ip})-a_{ip}]\left[\frac{c''(u_{ip})}{R'_{ip}(u_{ip})}-\frac{c'(u_{ip})R''_{ip}(u_{ip})}{R^{2\prime}{}_{ip}(u_{ip})}\right]}{R_{ip}{}'(u_{ip})} \tag{18}$$

将式(18)带入式(14)中，就能够得到每个下级政府最佳的信息公开

比例 u_{ip}^*，进而上级政府可以通过最佳的信息公开比例 u_{ip}^*，确定下级政府的最佳产出 R_{ip}^*，最终，将最佳产出 R_{ip}^* 带入到式(14)、(15)中，得到整个政府的总收益 R^*。

② 间接收益分析

假设在微政时代信息公开的过程中，$R_{ip}(u_{ip})(i=1,2)$ 由偏向于信息公开的下级政府的努力程度、偏向于信息不公开的下级政府的努力程度共同决定，这样的含义与道格拉斯函数表达的含义类似，所以，本书中假设 $R_{ip}(u_{ip})$ 通过道格拉斯形式来表示：

$$R_{ip}(u_{ip})(i=1,2)=(u_{1q})^{\chi}(u_{2q})^{1-\chi} \tag{19}$$

χ 表示偏向于信息公开的下级政府公开的信息量占信息共享和交流总量的比重，可以表示为偏向于信息公开的下级政府的努力程度，$1-\chi$ 表示偏向于信息不公开的下级政府公开的信息量占信息共享和交流总量的比重，可以表示为偏向于信息不公开的下级政府的努力程度。在传统环境下，信息公开过程中，下级政府偏好以及偏好的程度是比较难以观测的，但是，利用大数据技术，通过分析政府在网络中的行为记录，能够比较精确地得出 χ 的数值。同理，通过上述假设的思路，同样可以得到期望收益为 $R_{iq}(u_{iq})(i=1,2)$。假设 $R_{iq}(u_{iq})(i=1,2)$ 由上级政府、偏向于信息公开的下级政府、偏向于信息不公开的下级政府三方来共享，并且，微政时代信息公开中偏向于信息公开的下级政府的收益分享比例为 b_{1q}，偏向于信息不公开的下级政府的收益分享比例为 b_{2q}，I_q 为上级政府在搭建信息公开交流平台时，需要投入的硬件资源等投资。由上述假设，可以描述出不同类型偏好的下级政府将公开的信息进行交流与共享的情况：

$$\max_{a_{iq},b_{iq}}(1-b_{1q}-b_{2q})[(u_{1q})^{\chi}(u_{2q})^{1-\chi}]-I_q \tag{20}$$

$$\text{s.t}\quad \max U_{1q}=b_{1q}[(u_{1q})^{\chi}(u_{2q})^{1-\chi}]-\frac{1}{2}\delta(u_{1p})^2\geqslant 0 \tag{21}$$

$$\max U_{2q}=b_{2q}[(u_{1q})^{\chi}(u_{2q})^{1-\chi}]-\frac{1}{2}\delta(u_{2p})^2\geqslant 0 \tag{22}$$

其中,U_{1q}、U_{2q}分别是下级政府 1、2 信息公开能力以及拥有的信息量提升可带来的期望收益。式(21)、式(22)分别对各自的努力程度求导,并且令其等式都为零,可以得到:

$$\chi b_{1q}[(u_{1q})^{\chi-1}(u_{2q})^{1-\chi}]-\delta u_{1p}=0 \tag{23}$$

$$(1-\chi)b_{2q}[(u_{1q})^{\chi}(u_{2q})^{-\chi}]-\delta u_{2p}=0 \tag{24}$$

进一步分析:

$$u_{1q}=\frac{1}{\delta}(\chi b_{1q})^{\frac{1+\chi}{2}}[(1-\chi)b_{2q}]^{\frac{1-\chi}{2}} \tag{25}$$

$$u_{2q}=\frac{1}{\delta}(\chi b_{1q})^{\frac{\chi}{2}}[(1-\chi)b_{2q}]^{\frac{2-\chi}{2}} \tag{26}$$

在将式(25)、式(26)带入式(20)中,可得:

$$\max_{a_{iq},b_{iq}}\frac{1}{\delta}(1-b_{1q}-b_{2q})(\chi b_{1q})^{\chi}[(1-\chi)b_{2q}]^{1-\chi}-I_q \tag{27}$$

将上式分别对 b_{1q}、b_{2q}求导后,整理,得到:

$$b_{1q}{}^{*}=\frac{\chi}{2} \tag{28}$$

$$b_{2q}{}^{*}=\frac{1-\chi}{2} \tag{29}$$

在把式(28)、式(29)带入到式(25)、式(26)中,得到:

$$u_{1q}{}^{*}=\frac{1}{2\delta}\chi^{1+\chi}(1-\chi)^{1-\chi} \tag{30}$$

$$u_{2q}{}^{*}=\frac{1}{2\delta}\chi^{\chi}(1-\chi)^{2-\chi} \tag{31}$$

最后,将式(28)、式(29)、式(30)、式(31)、分别带入式(20)、式(21)、式(22)中,得到微政时代信息公开过程中,政府组织、偏向于信息公开的下级政府、偏向于信息不公开的下级政府的最大期望收益:

$$R_q^{*}=\delta\left[\frac{1}{2\delta}\chi^{\chi}(1-\chi)^{1-\chi}\right]^2-I_q$$

$$U_{1q}{}^{*}=\frac{\chi}{4\delta}\left(1-\frac{\chi}{2\delta^2}\right)[\chi^{\chi}(1-\chi)^{1-\chi}]^2$$

$$U_{2q}{}^{*}=\frac{1-\chi}{4\delta}\left(1-\frac{1-\chi}{2\delta^{2}}\right)[\chi^{\chi}(1-\chi)^{1-\chi}]^{2}$$

(2) 结果分析

前述的模型分析，可以得出微政时代信息公开过程中，下级政府的最优付出比例 $u_{iq}^{*}(i=1,2)$、最优的收益分享比例 $b_{iq}^{*}(i=1,2)$以及下级政府的期望收益 $U_{iq}^{*}(i=1,2)$与各个系数(成本系数 δ、努力程度系数 χ)的关系。

① 最优付出比例

由式(25)、式(26)可知，偏向于信息公开下级政府与偏向于信息不公开的下级政府，在信息公开过程中的最优付出比例 u_{1q}^{*}、u_{2q}^{*}，分别与收益分享比例 b_{1q}^{*}、b_{2q}^{*}成正比，与信息公开过程中产生的努力成本 δ 成反比。也就是说，当下级政府接收到的 b_{1q}^{*}、b_{2q}^{*}不断增加的时候，下级政府都会增加其信息公开的积极性；当下级政府信息公开过程中的努力成本 δ 增大时候，下级政府对于信息公开行为会产生消极的反应。

② 最优收益分享比例

由式(28)、式(29)可知，偏向于信息公开的下级政府、偏向于信息不公开的下级政府的最优收益分享比例 b_{1q}^{*}、b_{2q}^{*}，分别为其在微政时代信息公开过程中的努力程度系数 χ、$(1-\chi)$的二分之一。如果偏向于信息公开的下级政府的努力程度更高，也就是说 $\chi>0.5$，则其收益分享比例 b_{1q}^{*}就会增大；反之，则偏向于信息不公开的下级政府的收益分享比例 b_{2q}^{*}就会增大。因此，当上级政府想要知道下级政府的信息公开努力程度时，可以通过大数据技术，由下级政府在网络中留下的共享信息频率、内容长度等分析出下级政府的努力程度，并结合上述方法求出下级政府的收益分享比例。

③ 政府组织的期望效用

无论是偏向于信息公开的下级政府，还是偏向于信息不公开的下级政府，愿意实施信息公开行为的基本条件是：至少获得最低的期望收益

$U_{1q}\geqslant 0$、$U_{2q}\geqslant 0$。由此得出：

$$\delta\leqslant\sqrt{\frac{\chi}{2}}\ \text{当}\ \chi>0.5$$

$$\delta\leqslant\sqrt{\frac{1-\chi}{2}}\ \text{当}\ \chi<0.5$$

政府组织愿意对整个信息公开过程进行投资的条件是：政府组织可以从信息公开过程中获得非负期望收益，也就是 $R_q^*\geqslant 0$，也是满足下面条件的：

$$\left[\frac{1}{2\delta}\chi^{\chi}(1-\chi)^{1-\chi}\right]^2\geqslant\frac{I_q}{\delta}$$

上级政府对信息公开过程投入越多，微政时代信息公开的环境越好，信息公开的下级政府之间的交流和共享的意见就更加强烈，也就会使信息公开更加容易。

因此，随着大数据技术的突飞猛进，微政时代信息公开个体的行为可以通过其在网络中留下的行为数据进行预测和分析。无论是单个信息公开个体，还是多个信息公开个体，都可以得出信息公开行为的最优解，具体而言：

在单主体情况下，为了鼓励公开，下级政府必须确保拥有的信息量高于$\frac{\beta\delta}{\alpha^2}$，才能获得额外奖励。并且，这种额外的奖励随着下级政府信息量的单位收益增量、信息公开比例的单位收益增量、信息公开风险率的增加而增加。首先，从公平性而言，当下级政府公开的信息量大于一定水平，也就是 $I(v)\geqslant\frac{\beta\delta}{\alpha^2}$，表现为 $b^*(v)=1-\frac{\beta\delta}{\alpha^2 I(v)}$，$u^*(v)=\frac{\alpha^2 I(v)-\beta\delta}{\alpha\delta I(v)}$、$a^*(v)=W_0+\int_0^v\beta b^*(\tilde{v})\mathrm{d}(\tilde{v})+\frac{1}{2}\delta u^{*2}(v)-b^*(v)[\alpha u+\beta v]$，即上级政府会对下级政府进行额外的激励，下级政府会付出更多的时间和精力来实施信息公开行为；当 $I(v)<\frac{\beta\delta}{\alpha^2}$时，表现为 $b^*(v)=0$、$a^*(v)=W_0$、

$u^*(v)=0$，即下级政府不会获得的额外激励，只能获得一些基础的保底收益，下级政府对信息公开行为表现出消极反应。所以，$\frac{\beta\delta}{\alpha^2}$是保证激励机制公平性的标准值。其次，从持续性而言，由 $b^*(v)=1-\frac{\beta\delta}{\alpha^2 I(v)}$得出激励系数与其他参数的关系，激励系数 $b^*(v)$与下级政府信息公开量的单位收益增量 β、下级政府的成本系数 δ 呈现反比关系，与下级政府信息公开比例的单位收益增量 α、下级政府信息量分布函数 $F(v)$的风险率 $I(v)$、下级政府拥有的信息量 v 呈现正比关系。因此，为了保证公开行为能够不断持续下去，需要不断调整激励系数 $b^*(v)$，从而使之能够适用于变化的公开行为。

在多主体情况下，偏向于信息公开的下级政府、偏向于信息不公开的下级政府各自的最优付出比例，随着各自的收益分享比例的增加而增加，随着各自信息公开成本的增加而减少。首先，从公平性而言，偏向于信息公开的下级政府、偏向于信息不公开的下级政府的最优收益分享比例分别为：$b_{1q}^*=\frac{\chi}{2}$，$b_{2q}^*=\frac{1-\chi}{2}$，由此得出，$b_{1q}^*$、$b_{2q}^*$分别为其在微政时代信息公开过程中的努力程度系数 χ、$(1-\chi)$的二分之一，也就是说，下级政府按照这种程度进行收益共享是比较公平的。其次，从持续性而言，偏向于信息公开的下级政府与偏向于信息不公开的下级政府的最优付出比例 u_{1q}^*、u_{2q}^*与最优收益分享比例 b_{1q}^*、b_{2q}^*成正比，与信息公开过程中产生的努力成本 δ 成反比，并且，下级政府信息公开的成本系数还需要满足：$\chi>0.5$，$\delta\leqslant\sqrt{\frac{\chi}{2}}$；$\chi<0.5$，$\delta\leqslant\sqrt{\frac{1-\chi}{2}}$。由此，在多主体情况下，需满足上述的公平性、持续性条件，公开行为才能不断地适应新的环境。

三、信息公开管理者与供给者的激励结构研究

（一）问题的提出

移动互联网迅速发展，中国政府部门也正经历着创新性改革。充分利用微政务提供公共服务已成为“互联网＋”时代背景下政府社会管理创新的重要形式。微政务信息公开成了微政时代信息公开建设的重要“抓手”[①]。微政时代信息公开的实施有利于增加政府服务力和公信力，促进政民互动，以提供优质的公共服务。例如，陈晓春等认为公民的采纳行为和采纳收益是提高微政时代信息公开的使用率、促进信息公开发展的重要因素，基于问卷调查收集的410份数据，陈晓春运用结构方程方法对理论假设进行了检验。最终，构建了基于D&M模型与TAM模型的全过程电子政务采纳模型，梳理了公民采纳的影响因素和影响路径，揭示了公民采纳电子政务带来的社会效益[②]。为了微政时代信息公开的规范性与群众满意度的提升，Meijer等基于Twitter实证分析了社交媒体与政府交流的关系与影响因素，为促进政民互动，以提供优质的公共服务提供了理论支撑[③]。

随着研究的深入，微政时代信息公开过程中的质量问题日益受到学者的关注。新时代下我国社会主要矛盾的历史性变化也对信息公开过程

---

① 朱晓峰、崔露方、潘芳：《基于公平关切的微政务信息公开收益共享契约研究》。

② 陈晓春、赵珊珊：《基于D&M和TAM模型的电子政务公民采纳研究》，《情报杂志》2016年第35期：133—137。

③ Albert Jacob Meijer and Rene Torenvlied, “Social Media and the New Organization of Government Communications: An Empirical Analysis of Twitter Usage by the Dutch Police,” *American Review of Public Administration*, 46, No2(2016): 143—161.

提出了更高的要求，首要关注的是信息公开的质量问题①。提高微政时代信息公开的质量问题，无论是对于政府自身，还是对于公众，都有着十分重要的意义。

目前，国内外已经有学者对微政时代信息公开质量问题进行了相关的研究，研究内容主要分为两个方面。

一是从信息公开质量的影响因素入手开展研究。李宗富等为了科学评估政务微信公众号服务质量和进一步提升政务微信的综合社会效用，以识别并分析影响政务微信公众号服务质量的关键因素为出发点，从信息生态视角构建了政务微信公众号服务质量的影响因素体系，运用 DEMATEL 方法对所有可能影响政务微信公众号服务质量的因素进行关联分析；接着，根据所有因素的综合影响指数排序，识别出影响政务微信公众号服务质量的关键因素；最后，提出若干提升政务微信服务质量的建议和对策②。包明林等根据政务微博发展实际，设计了一套用户视角下的政务微博服务质量评价指标体系。具体做法是：使用相关性分析剔除相关性大的内容冗余指标，利用因子分析法来确定因子载荷较小的指标，保留较显著的指标，提出和分析政务微博服务质量评价的公共因子和关键指标，最终用较少的指标反映 90%的指标信息，形成科学合理的政务微博服务质量评价指标体系③。Ludwig 等通过实证分析的方式，提出了一种动态质量测量、评估方法，挖掘在海量社交媒体信息中挑选出高质量信

① 蒋天民、胡新平：《政务微信的发展现状、问题分析及展望》，《现代情报》2014 年第 34 期：88—91。

② 李宗富、张向先：《政务微信公众号服务质量的关键影响因素识别与分析》，《图书情报工作》2016 年第 60 期：84—92。

③ 包明林、刘蓉、邹凯、周军：《政务微博服务质量评价指标体系研究》，《现代情报》2015 年第 35 期：93—97。

息的关键因素[①]。

二是从信息公开中信息本身的属性入手开展研究。剧晓红等以新浪微博为研究基础，依据《2013 年上半年新浪政务微博研究报告》，选取其中转发量大的政务微博为研究对象，通过描述统计分析、对比分析等对政务微博信息质量进行研究。在收集和分析政务微博用户对信息评论态度的基础上，从政务微博信息内容的增值性、及时性、准确性、完整性这四个维度分析政务微博信息发布中存在的信息质量问题，并提出相关信息公开行为的对策建议[②]。张晓娟等从便捷性、移情性、响应性、可靠性和保证性五个维度构建了政务微信服务质量评价模型；并以“武汉发布”为例，进行模型检验和实证研究；最终，从政务微信服务过程、服务载体、服务内容和服务结果四个方面，对“武汉发布”服务质量的提升提出了建议[③]。Tirado-Valencia 等基于结构方程模型，从不同维度的信息量与性质的因果关系入手，探讨地方政府如何通过社会化媒体实现信息公开[④]。Kang Sungbae 等从公众的感知有用性、感知价值性以及使用意图等方面，探究了微政时代信息公开服务质量问题[⑤]。

---

① Thomas Ludwig and Christian Reuter, “Social Haystack: Dynamic Quality Assessment of Citizen-Generated Content during Emergencies,” *Acm Transactions on Computer—Human Interaction* 22, No. 4(2015): 17－29.

② 剧晓红、李晶:《政务微博的信息质量问题研究》,《信息资源管理学报》,2014 年第 4 期:4—9。

③ 张晓娟、刘亚茹、邓福成:《基于用户满意度的政务微信服务质量评价模型及其实证研究》,《图书与情报》2017 年第 2 期:41—46。

④ Pilar and Tirado-Valencia Ma Luisa Rodero-Cosano, “Online sustainability Information in European Local Governments an Explicative Model to Improve Transparency,” *Online Information Review* 40, No. 3(2016): 400—415.

⑤ Sungbae Kang, “A Study on Users' Intention to Use of Administrative Information Services Using Social Media: Moderating Effects of Personal Innovativeness,” *Journal of Modern Information* 15, No. 3(2015): 67—83.

已有的研究，多是从信息公开质量的影响因素、建议对策①，或者从信息本身等内部因素角度考虑其质量的提升，却较少从外部激励因素角度对微政时代信息公开质量进行研究。合理有效的外部激励，能够给予信息公开供给者提供持续动力②。所以，有必要从激励的角度对微政时代信息公开质量的问题进行研究。更为重要的是，已有研究没有考虑到下级政府的非理性因素对信息公开质量的影响，导致研究结果过于理想化，与实际情况相差较大。

基于以上分析，本节内容拟通过设计菜单式的收益共享契约，首先探究下级政府完全理性下，不同激励结构的信息公开质量以及上级政府收益问题，以寻找最优的激励结构实现质量与收益共赢；其次分析下级政府具有的公平偏好对微政时代信息公开质量、上级政府收益以及激励结构的影响；进而对比得出不同情况下，不同激励结构的激励效率及其演化路径，以期为提高微政时代信息公开质量以及上级政府收益寻找最佳激励组合。

（二）微政时代信息公开群体激励模型

（1）基本模型设计

本节模型包含一个以上级政府为代表的信息公开管理者和多个以下级政府为代表的信息公开供给者，上级政府对下级政府的信息公开进行监管。每个下级政府信息公开的质量存在差异并且可以被观察，上级政府设定一定的标准，将下级政府的信息公开质量分为三个等级：高等质量、中等质量、合格质量。

---

① Bertot J C, Jaeger P T and Hansen D, "The impact of Polices on Government Social Media Usage: Issues, Challenges, and Recommendations," *Government Information Quarterly*, 29, No. 1(2012): 30—40.

② 姜秀敏、陈华燕：《我国政务微博的实践模式及发展路径》，《东北大学学报（社会科学版）》2014 年第 16 期：64—69。

由于下级政府信息公开质量与其所需付出的成本存在一定的正比关系，下级政府可能会出于降低成本的考虑而降低信息公开的质量，而且，在信息非对称的情况下，上级政府获取下级政府的私有信息需要较高的成本，这将导致上级政府与下级政府之间行为的不协调。所以，上级政府一般针对下级政府信息公开的不同质量，设计不同的激励措施和激励结构，下级政府根据自身处于的状态选择合适的行为策略。与此同时，收益共享契约有助于辅助上级政府识别下级政府的私有信息，有利于产生以较低的信息识别成本，获得下级政府较高的信息公开质量的激励效果。

因此，在微政时代信息公开中，通过菜单式收益共享契约，上级政府根据不同质量能够为其带来的收益的差异，制定不同的激励结构，即形成不同的激励力度，而下级政府根据契约内容、自身的技术、能力等，提供符合自身的政务信息，有利于双方实现收益和质量的共赢。换而言之，通过菜单式收益共享契约，把激励契约的内容透明化、公开化，有利于双方根据契约内容，选择最符合自身收益的行为。

基于上述分析，参考李真提出的系统主体决策流程图①，本书认为上级政府与下级政府在微政时代信息公开中的交互过程如图 4－16 所示。首先，上级政府会制定出评价下级政府信息公开质量的标准以及不同标准下的激励契约，下级政府将根据上述契约并结合自身现状，选择使得自身收益最大化的契约方式以及行为策略。上级政府对下级政府已实施的信息公开进行质量评级，然后给予下级政府一定的激励。在考虑下级政府具有公平偏好的情况下，下级政府将对自身的收益进行公平性评价并调整其效用，从而作为下一次行为策略的依据。T 为上下级政府进行收益共享的周期，即本节中模型模拟的次数。

---

① 李真、程书萍、李迁、孟庆峰：《基于收益共享合同的工程质量优化研究》，《运筹与管理》2013 年第 22 期：164—170。

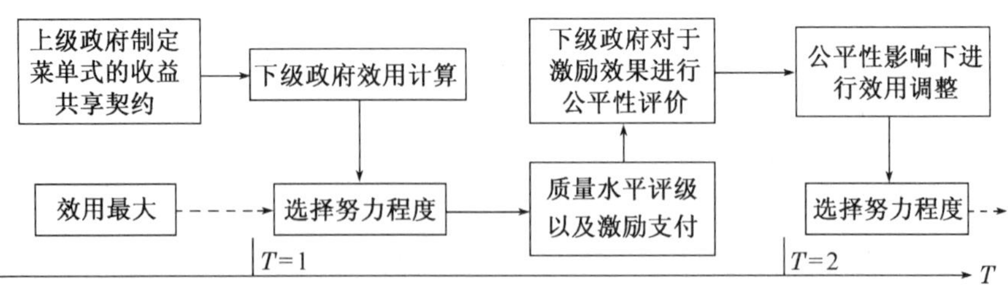

图 4-16　微政时代信息公开中主体交互流程图

(2) 主体设计

① 上级政府设计

本模型中假设有 n 个下级政府，上级政府将微政时代信息公开质量分为三个等级，j 表示信息公开的质量，($j=1,2,3$)分别表示合格质量、中等质量、高等质量。微政时代信息公开的质量为 j 时，双方取得的总收益是 π_j，上级政府与下级政府将通过收益共享契约对该收益进行分配。

上级政府根据微政时代信息公开的质量，给予下级政府不同的激励。当信息公开的质量为合格时，即 $j=1$ 时，上级政府只给予下级政府基本的成本支持 θ_1，不给予激励，表现为 $\varphi_1=0$。当存在激励条约的情况下，即 $j=2$、$j=3$，信息公开为中等质量、高等质量时，上级政府先给予下级政府基本的成本支持 θ_2，其中 $\theta_2<\theta_1$，上级政府对信息公开质量进行评级后，在给予下级政府额外的激励 φ_j($j=2,3$)。上级政府根据不同质量为其带来的不同收益，进而决策出不同的 φ_j(激励组合)，不同的 φ_j 对上级政府收益与信息公开质量均会产生不同的影响。

参考上级政府提出的不同的激励结构，下级政府会根据实施不同质量的信息公开需要付出的成本，选择行为策略。目前，下级政府有三种行为策略 s_j 可选：$j=1$ 时，下级政府选择低等努力，则其只需要提供合格质量水平；$j=2$、$j=3$ 时，下级政府会分别选择存在激励结构的中等努力、高等努力，则其需要提供中等质量、高等质量的信息公开。

微政时代信息公开的质量为 j 时，能够为上下级政府带来总收益为

π_j，则上级政府从中获得的收益 μ_h^j 为：

$$\mu_h^j=\pi_j-\theta_j-\varphi_j \tag{1}$$

上级政府给予下级政府的补贴为 β，β 相当于从信息公开总收益中分配给下级政府的部分，则 β 为：

$$\beta=\theta_j+\varphi_j \tag{2}$$

② 下级政府设计

不同质量的信息公开需要付出不同的成本 $\delta_j(j=1,2,3)$，结合现实情况，信息公开质量较高时，会获得来自外界的声誉激励，由此带来一定的机会收益。在本书中，假设信息公开为中等质量、高等质量时，会获得一定的机会收益 ε_j，当 $j=1$ 时，$\varepsilon_1=0$。下级政府的不同行为策略会导致其收益 μ_l^j 不同，当选择 s_1 策略时，即低努力策略时，$\varphi_j=0$、$\varepsilon_j=0$，则下级政府的收益 μ_l^j 为：

$$\mu_l^j=\theta_j+\varphi_j-\delta_j+\varepsilon_j \tag{3}$$

本书中假设下级政府具有风险偏好，且不同的下级政府的风险偏好 r 不同，结合经典的风险规避模型①，具体来看，主要有风险中性和风险规避两种情况，不同风险偏好下的下级政府效用函数表达式，如式(4)所示。其中 $r=0$ 表示风险中性，$r=1$ 表示风险规避，$r\in(0,1)$表示风险厌恶系数。

$$U_l^j=\begin{cases}\mu_l^j & r=0\\ \mu_l^{j\,1-r}/1-r & r\in(0,1)\end{cases} \tag{4}$$

同时，考虑到下级政府的能力和技术水平以及一些不确定性因素，下级政府按照中等质量、高等质量实施信息公开时，可能会导致其行为达不到预期的标准，本书中假设下级政府信息公开达不到预期标准的风险为 $\rho_j(j=1,2,3)$。当 $j=1$ 时，$\rho_1=0$，表示下级政府实施合格质量的信息公

① Robert C, "Optimum Consumption and Portfolio Rules in a Continuous-time Model," *Journal of Economic Theory*, 3, No. 4(1971): 373—413.

开时，不存在达不到预期标准的风险，$j=2$ 时，ρ_j 表示下级政府选择中等努力，但最终其信息公开被评定为合格质量的风险，$j=3$ 时，ρ_j 表示下级政府选择高等努力，但最终其信息公开被评定为中等质量的风险。由此，不同风险偏好的下级政府在选择不同行为策略时的收益效用函数如式(5)所示。在此处，下级政府根据自身的状态、上级政府给出的激励结构，按照自身期望效用最大化原则选择行为策略。

$$\overline{U_l^j}=(1-\rho_j)U_l^j+\rho_j U_l^{j-1} \tag{5}$$

（3）模型模拟规则设计

① 不同激励结构下的群体激励

在此模型中，假设下级政府完全理性，即按照自身期望效用最大化选择自身的行为策略。在模型模拟过程中，上级政府给予下级政府一定的成本支持 θ_j 情形下，通过设计不同的激励结构，即不同的(φ_2，φ_3)组合，来观察不同的激励结构(φ_2，φ_3)对于上级政府收益以及微政时代信息公开质量的影响。借鉴前人的实验流程①，上级政府与下级政府行为策略选择以及本模型模拟的步骤如下：

步骤 1：上级政府从集合 A 中以遍历的方式选取不同的激励结构(φ_2，φ_3)，φ_2、φ_3 分别表示上级政府用来激励中等质量、高等质量信息公开的激励力度。A 表示上级政府在合理的限制条件下制定不同激励结构的集合。

$$A=\{(\varphi_2,\varphi_3)\mid\varphi_2<\varphi_3,\varphi_2\in[0,\mu_l^2-\mu_l^1],\varphi_3\in[0,\mu_l^3-\mu_l^2]\} \tag{6}$$

步骤 2：下级政府根据自身期望效用最大化选择行为策略，因此，在上级政府给定的激励结构下，下级政府群体行为决策结果集合为 B。

$$B=\{\max_J\{\overline{U_l^j},j=1,2,3\}\} \tag{7}$$

步骤 3：上级政府将针对信息公开的质量进行评级，根据评级得出的

① 李真、孟庆峰、盛昭瀚、李迁：《工程质量优化的承包商群体激励效率演化分析》，《中国管理科学》2012 年第 20 期：112—121。

不同质量j给予不同程度的激励，从而得到上级政府从信息公开过程中获得收益 μ_h^j 以及信息公开的最优质量 j。

步骤 4：如果步骤 1 中的集合 A 没有遍历完，则继续执行步骤 1，否则停止遍历。由此，得到不同激励结构下的上级政府收益与微政时代信息公开质量的结果，构成集合 C：

$$C=\{\mu_h^j, j\,|\,A\} \tag{8}$$

② 具有公平偏好的群体激励

本模型将公平偏好引入到微政时代信息公开的群体激励中，假设下级政府并非只注重自身期望收益最大化，还关注他人收益与自身收益的公平性。根据不同激励结构下的群体模型所得到的集合 C，上级政府将选择使得自身收益以及信息公开质量较高的激励结构（φ_2, φ_3）作为公平偏好的群体策略。在每一阶段的收益共享之后，下级政府根据其公平效用调整自身的效用，进入下一阶段的行为选择。

在多阶段激励过程中，通过建立下级政府的公平性综合评价函数及公平性厌恶函数①，达到将其公平性效用累积和强化的目的。下级政府的公平性综合评价包括：首先，下级政府会考虑其信息公开为上级政府带来的收益成本比 $\frac{\mu_h^j}{\beta}$；其次，下级政府还会考虑到自身的最优历史收益成本比 $\max\limits_{s_j}\left\{\frac{\mu_l^j}{\delta_j}\right\}$。由此，下级政府的公平性综合评价指数 P_{si} 为：

$$P_{si}=\omega_1\frac{\mu_h^j}{\beta}+\omega_2\max_{s_j}\left\{\frac{\mu_l^j}{\delta_j}\right\} \tag{9}$$

其中，ω_1、ω_2 分别是上级政府收益成本比、自身最优历史收益成本比对下级政府公平性比较中所占的权重，$\omega_1+\omega_2=1$。

在微政时代信息公开过程中，如果下级政府对其收益存在不满，则下

---

① Fehr E and Schmidt K M, "A Theory of Fairness, Competition, and Cooperation," *Quarterly Journal of Economics* 114(1999): 817—868.

级政府就会出现不公平厌恶，这种不公平的厌恶会给下级政府带来负效应。当公平性综合评价指数 P_{si} 大于自身收益成本比时，下级政府会产生内疚负效用，公平性综合评价指数 P_{si} 小于自身收益成本比时，下级政府会产生嫉妒负效用。通过上述的分析，在下级政府不公平厌恶心理下，存在一个效用调节系数 G_{si} 如式(10)所示。

$$G_{si}=\begin{cases}\alpha_1(P_{si}-\mu_l^j/\delta_j) & P_{si}>\mu_l^j/\delta_j\\ 0 & P_{si}=\mu_l^j/\delta_j\\ \alpha_2(\mu_l^j/\delta_j-P_{si}) & P_{si}<\mu_l^j/\delta_j\end{cases} \tag{10}$$

式(9)中，α_1 是下级政府的嫉妒偏好的系数，α_2 是下级政府的内疚偏好系数。由此，下级政府在公平偏好的影响下，每一阶段都会对自身的期望效用进行调整，如式(11)所示，从中可以体现出下级政府在多阶段的激励过程中公平效用的累积以及其学习能力的提升。

$$\overline{U_l^j}=(1-G_{si})\overline{U_l^j} \tag{11}$$

本次模型模拟的主要目的是探究下级政府具有公平偏好的情况下，上级政府收益、微政时代信息公开质量的演化过程以及演化效率，由此来分析下级政府的公平偏好对于激励结构的影响，其基本流程主要分为两步：

步骤 1：上级政府选择集合 C 中使得自身收益以及信息公开质量较好的激励结构(φ_2，φ_3)，作为下级政府具有公平偏好情况下的激励策略，在所选择的激励结构下，下级政府均以自身期望效益最大化来选择行为策略。

步骤 2：在收益进行分配完毕后，下级政府在公平关切心理下调整期望效用，然后进行循环调整。

(4) 初始参数设置

本书模型模拟采用芝加哥大学社会科学计算实验室开发的 Repast J，基本参数设置如表 4－8 所示。一般而言，微政时代信息公开的质量与下级政府的成本呈现正相关关系，即微政时代信息公开的质量越高，下级政府所需要付出的成本越高，即存在 $\delta_1 < \delta_2 < \delta_3$。前人的研究表明①②，在对于公平偏好的影响中，下级政府更加关注其与上级政府收益的公平性，因此，上级政府的收益成本比对于下级政府公平偏好的影响权重最大，$\omega_1 = 0.7$。并且，主体对于嫉妒与内疚的偏好存在着普遍的差异，一般来看，嫉妒偏好大于内疚偏好，所以 $\alpha_1 > \alpha_2$。

表 4-8　模型模拟的参数设置

实验参数	取值范围	实验参数	取值范围	实验参数	取值范围
θ_1	100	θ_2	80	θ_3	80
π_1	500	π_2	700	π_3	900
δ_1	$\mathbb{R}[25,40]$	δ_2	$\mathbb{R}[40,60]$	δ_3	$\mathbb{R}[60,150]$
φ_1	0	ε_1	0	ε_j	$\mathbb{R}[5,50]$
r	$\mathbb{R}[0,1]$	α_1	$\mathbb{R}[0.05,0.1]$	α_2	$\mathbb{R}[0.03,0.05]$
ρ_1	0	ρ_2	$\mathbb{R}[0.05,0.25]$	ρ_3	$\mathbb{R}[0,0.2]$

（三）模型模拟的结果分析

（1）不同激励结构下的群体激励结果

图 4-17 为不同激励结构下，上级政府的收益以及下级政府信息公开总体质量的实验结果，图中每一个区域代表了上级政府收益与信息公开质量的一个取值区间，此图也表示出不同激励程度下的上级政府收益与信息公开质量变化情况。其中，Area A 对应的区域表示上级政府的收益最高或下级政府信息公开的质量最高。

① Charness P Kuhn, "Do Co-Workers' Wages Matter? Theory and Evidence on Wage Secrecy, Wage Compression and Effort"(Iza Discussion Papers, 2004: 167).

② 崔露方、翟利鹏、朱晓峰:《基于演化博弈的同级政府间信息公开研究》,《情报理论与实践》2016 年第 39 期:56—60。

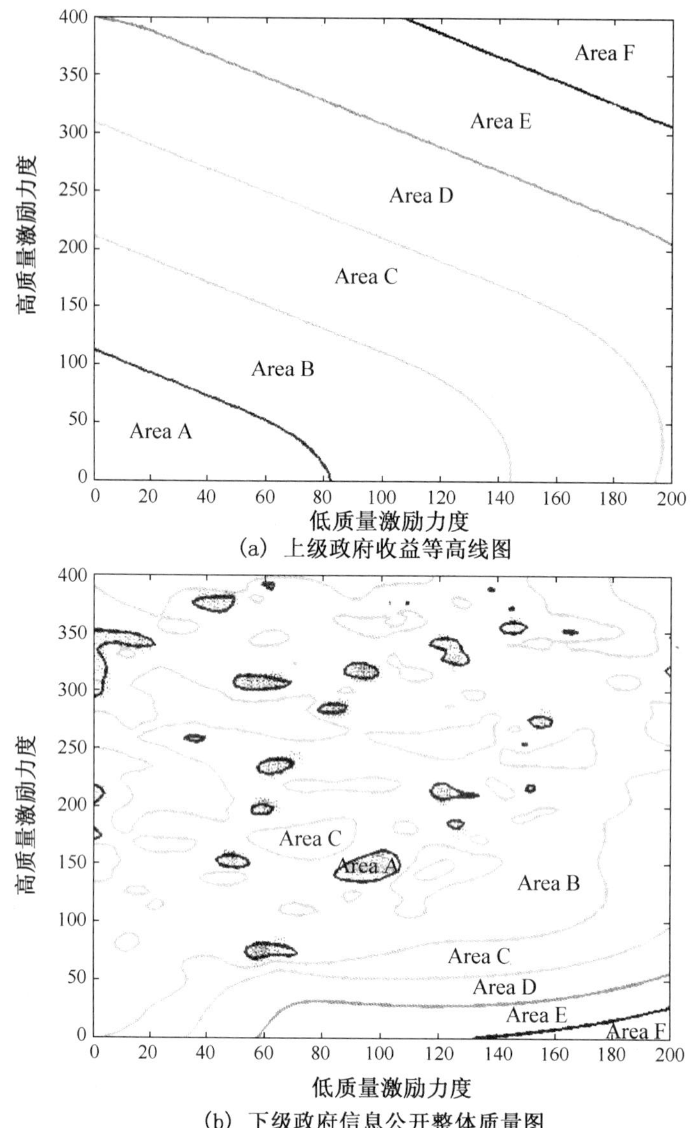

(a) 上级政府收益等高线图

(b) 下级政府信息公开整体质量图

图 4-17 不同激励结构下的上级政府收益与微政时代信息公开整体质量

从图 4－17 中可以看出，对于上级政府的收益来说，存在一个比较集中的高收益区域(Area A)，在此区域中，上级政府能够获得较高的收益，并且，随着激励结构的取值远离 Area A，上级政府的收益也逐渐降低。对于微政时代信息公开质量而言，高质量的区域(Area A)比较分散，其原因可能是下级政府实施高质量的信息公开时的面临风险，也可能是上级政府激励结构的影响。

当激励结构在图 4－17(a)Area A、Area B 与图 4－17(b)中的 Area A 交叉时，表示当前的激励结构同时使得上级政府的收益较高且信息公开的质量较高。因此，在对下级政府进行群体激励时，上级政府可以参照此激励结构分布图来提出合适的收益共享激励契约。例如，上级政府期望在实现自身收益最大化的前提下，尽量地提升信息公开的质量，则上级政府可以选择图 4－17(a)中的 Area A 与图 4－17(b)中 Area A、Area B 交叉时的激励结构。

上述结果表明，菜单式的收益共享契约，是一种较为有效的激励方式，通过制定合理的激励结构，能够达到优化上级政府自身收益以及信息公开质量的双重目标。例如：当上级政府制定的激励结构在图 4－17(a)中 Area A、Area B 与图 4－17(b)中 Area A 交叉的区域选取时，就能够达到自身收益的提高以及信息公开质量提高双重作用。在实际的信息公开过程中，下级政府可能由于过度关注实施中等质量、高等质量信息公开所付出的成本，导致信息公开效果不如人意。现在，将菜单式的收益共享契约引入信息公开过程中，通过与下级政府合作，共同努力将微政时代信息公开的质量提高，进而提升整个信息公开的系统总收益，然后通过收益共享契约，制定合理的激励结构对下级政府因为改进质量所付出的成本进行激励，可以使得下级政府从关注提高信息公开质量付出的成本转向关注提高质量后能够带来的收益，有利于为下级政府提高信息公开质量提供动力。

此外，由图 4－17(b)可知，下级政府实施信息公开的质量随着激励程度的提高而提高。当高等质量的激励力度 φ_3 不变，中等质量的激励力度 φ_2 不断升高后，反而使得下级政府信息公开的质量下降。例如：$\varphi_3=70$，φ_2 不断提高，微政时代信息公开的质量上升到高质量后又下降。当中等质量的激励力度 φ_2 较低时，即使大幅度增加高等质量的激励力度 φ_3，也很难使得信息公开的质量达到最佳。例如：$\varphi_2=30$，φ_3 不断地提高，微政时代信息公开的质量也很难达到最高质量。

综上，微政时代信息公开系统中的激励效果受到 φ_2、φ_3 两个激励因素的影响，其中任何一个激励因素的选择不合理，不管另一个激励因素如何变化，都会导致激励的效果降低。微政时代信息公开的工作实践中，上级政府会加大高等质量与中等质量对应激励力度的差异，以期望达到更好的激励效果。但是，通过本书的分析，不难发现，此种方式并不能很好地达到激励的目标，各激励因素之间的差异不宜过大，应保持在适度的范围之内，具体可参照图 4－17 中情况进行分析。

(2) 具有公平偏好的群体激励结果

① 微政时代信息公开质量演化分析

从图 4－17(a)中挑选出四种具有代表性的激励结构，其低、高激励力度分别为：50～50(即图 4－17(a)中的 Area A，代表上级政府最高收益的激励结构)、50～200(即图 4－17(a)中的 Area C，代表上级政府中等收益的激励结构)、100～100(即图 4－17(a)中的 Area B，代表上级政府较高收益的激励结构)、100～200(即图 4－17(a)中的 Area C，代表上级政府中等偏下收益的激励结构)，探究使得上级政府收益处于不同阶段的激励结构下的微政时代信息公开质量演变效率(如图 4－18 所示)。

合格质量
中等质量
高等质量
低、高激励力度分别为：50-50
微政务信息公开质量
周期
0
10
20
30
40
50
60
70
80
90
100
合格质量
中等质量
高等质量
低、高激励力度分别为：50-200
微政务信息公开质量
周期

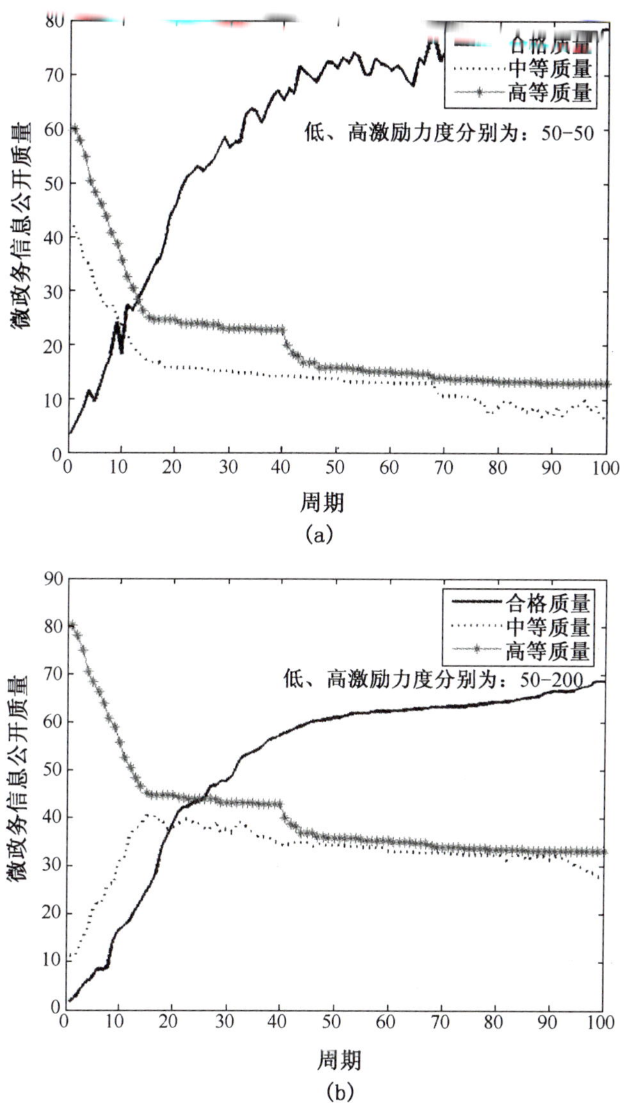

(a)

(b)

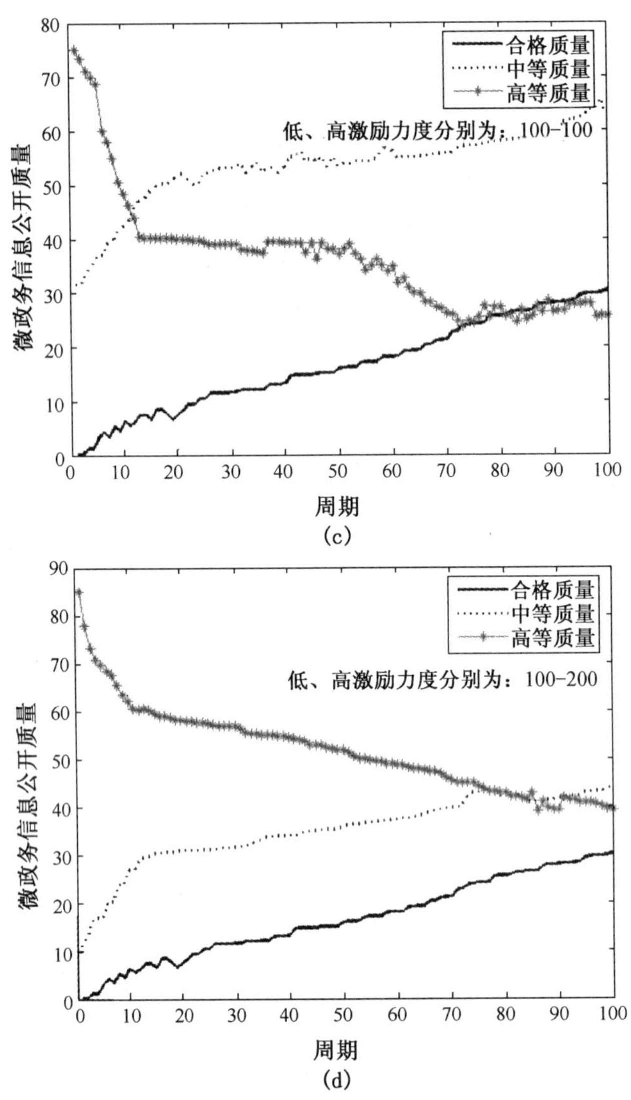

图 4－18　具有公平偏好的微政时代信息公开质量演化

图 4－18 显示了当下级政府具有公平偏好时，四种具有代表性激励结构下的微政时代信息公开质量演化效果。从微政时代信息公开的质量演化趋势可以看出，保持 φ_2（φ_3）不变，提高 φ_3（φ_2），信息公开质量都会升高；通过图 4－18(a)和图 4－18(b)对比可以发现，当低激励力度 φ_2 过低

时，即使存在较高的高激励力度 φ_3，信息公开被审定为合格质量的下级政府仍然很多，从图 4－18(c)可知，低激励力度 φ_2 适中，即使高激励力度 φ_3 不高，但是信息公开被审定为合格质量的下级政府较上一情况少。

上述分析表明：激励结构中所有的激励因素都会影响激励的效果，这也与不具有公平偏好情况下的分析结论相似。因此，作为信息公开的上级政府在制定激励结构时，需要具有系统的眼光，注重将激励结构中所有的激励因素视为一个整体，更加注意各激励因素之间的联系。另外，上级政府在制定激励结构的同时，也要注意到公平偏好对于系统激励效果的影响。在个体具有公平偏好时，如果仍然按照完全理性人假设下的追求效益最大化的目标来制定激励结构，激励效果会大大降低。由此，上级政府在制定激励结构时，需要注意个体的公平偏好对于激励效果产生的影响。

② 不同激励结构下的上级政府收益演化分析

同上，探究上级政府收益处于不同阶段的激励结构下的演化情况(如图 4－19 所示)。

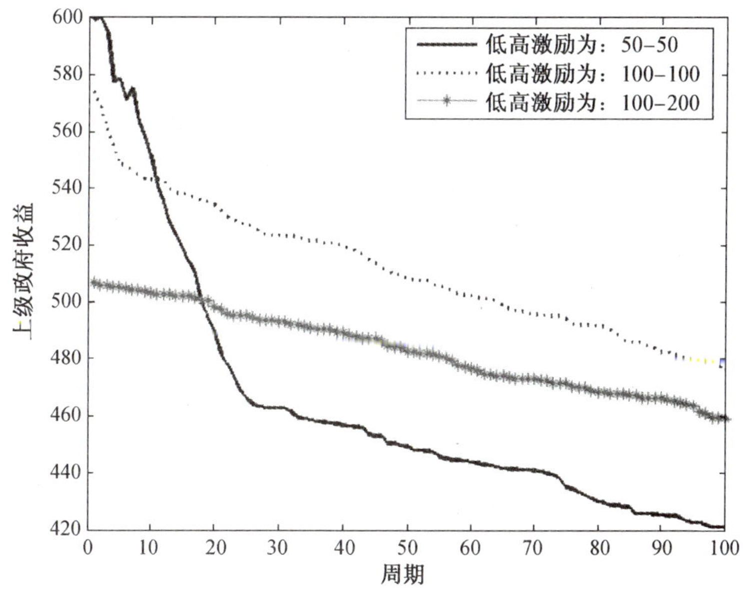

图 4－19　具有公平偏好的不同激励结构下的上级政府收益演化

结合图 4－18 和图 4－19，激励结构（$\varphi_2=50$，$\varphi_3=50$）在不具有公平偏好的情况下，能够使得上级政府获得较高的收益，但是由于此激励结构给下级政府带来的收益分享比例约为 0.3，上下级政府之间的收益分配极不平衡，导致在下级政府具有公平偏好心理时，信息公开质量（图 4－18(a)）和上级政府收益迅速下降（图 4－19）；激励结构（$\varphi_2=100$，$\varphi_3=200$）中，所对应的下级政府的收益共享系数过大，虽然此时信息公开质量较好（图 4－18(d)），但是上级政府收益受到了损失；虽然激励结构（$\varphi_2=100$，$\varphi_3=100$）在初始阶段并不比激励结构（$\varphi_2=50$，$\varphi_3=50$）能够给上级政府带来收益多（图 4－17(a)），但是由于收益共享系数相对提高，保证了双方收益的均衡性，所以在下级政府具有公平偏好的情况下，经过下级政府的多次策略选择，最终结果长期来看，是有利于提高下级政府信息公开质量和上级政府收益。

可以得出不具有公平偏好情况下的最优激励结构并不适用于具有公平偏好的情况。在下级政府具有公平偏好的情况下，上级政府的收益水平下降；在不同激励结构显示出的不同的激励效果影响下，会产生不同的演化路线。另外，上下级政府的收益共享系数会影响到收益分配的公平性，在下级政府具有公平偏好时，收益共享系数过高或者过低都会影响到上级政府的长期收益情况。总而言之，个体的公平偏好是影响上级政府收益的一个重要因素①，越容易引起下级政府不公平感知的激励结构，在个体存在公平偏好的情况下，其激励效果越差。

综上，通过将上级政府对信息公开质量的要求作为对下级政府所获激励的约束，基于收益共享契约理论，设计了菜单式合同与收益共享契约相结合的激励结构，分析了该激励结构能否实现信息公开质量与上级政

① Myung Jin Kim and Jihoon Lee, "Political Solution Plan by Mapping of Science & Technology (S&T) Capability Analysis on Lower Level Local Governments: with Gyeonggi G-COSTII."

府收益的"共赢"。在此基础上，引入下级政府的公平偏好，探究了下级政府的公平偏好如何影响激励效果，以及上级政府如何在下级政府存在公平偏好的情况下设计一套合理的激励结构。

不同激励结构下的群体激励模型结果表明：上级政府通过菜单式的收益共享契约，能够一定程度上提高微政时代信息公开质量以及自身收益，从而达到上级政府、下级政府的"共赢"。

第三节　本章小结

本章从竞争机制和激励机制两个方面，对信息公开管理者（上级政府）与供给者（下级政府）行为动力进行了定性和定量的分析研究。

在两者间行为动力系统的竞争机制讨论方面，本章首先通过微政时代信息公开上级政府与下级政府的信号博弈模型，并选取财政支付转移政策和变量讨论，讨论了从上级政府角度对下级政府市场的监督管理，以实现下级政府与上级政府信息沟通和交流的分离均衡状态。为达到分离均衡状态，需要密切关注下级政府的作假概率和微政时代信息公开的发展阶段，注意提升信息公开程度高的下级政府比例 $p(g)$。为了降低下级政府作假概率、增加信息公开程度，需要增加信息公开程度低的下级政府付出的伪装成本 C，也需要增加这些下级政府被上级政府发现产生的损失 F，换而言之，就是重点引入和强化监督信号 R 的作用机制。因此，本章为了进一步地剖析和讨论上级政府与下级政府在微政时代信息公开中行为动力演化的过程、策略及其选择，结合监督信号和公平关切视角，重点研究公平关切和监督信号对下级政府、上级政府的演化结果和演化速度。研究发现：不同参数限制条件下的演化稳定策略，以及提高下级政府自身收益与总收益的占比，能够改善微政时代信息公开行为；公平关切系数 λ、监督信号 R 对下级政府的行为演化速度呈现促进作用，并且监督信号 R 的促进程度更大。

在上下级政府间行为动力系统的激励机制讨论方面，本章分别从激励动力、激励过程和激励结构这三个层次逐次予以分析。

首先，针对微政时代信息公开上下级政府的激励动力研究，本章基于公平偏好和委托代理模型，分别定性分析和定量讨论在对称信息和非对称信息两种情形条件下的上下级政府激励动力因素。在信息对称条件下，激励动力模型的影响因素是依赖因子 γ、固定成本 m 和下级政府的公平偏好系数 k。在非对称信息条件下，激励动力模型的影响因素是下级政府风险规避度和代理成本。另外，激励动力应立足于代理成本的降低，从而减少非对称信息带来的约束作用。当有效因子 ζ 足够大时，代理成本 AC 随着下级政府公平偏好系数的增加而降低。

其次，针对微政时代信息公开上下级政府的激励过程研究，还是基于委托代理模型，结合大数据背景，分别对管理者与单个供给者（下级政府）、管理者与多个供给者（多个下级政府）进行定量的激励分析，从而解决微政时代信息公开的上下级政府因激励冲突引起的组织效率问题。研究发现：对于管理者而言，第一，下级政府的信息公开比例是最重要因素，即 $b^*(v)$（激励系数）与 α^2（信息公开比例的单位收益增量的平方）、β（拥有的信息量的单位收益增量）呈现函数关系。并且，下级政府信息公开比例 α 对于激励系数 $b^*(v)$ 的影响，大于其拥有信息量 β 对于激励系数 $b^*(v)$ 的影响。对于上级政府而言，要首先注重下级政府的努力程度对信息公开的影响。第二，下级政府信息公开的程度与成本系数 δ、努力程度 χ 相关，但是努力程度 χ 是指数增长的关系，对下级政府信息公开比例的影响更大。

最后，针对微政时代信息公开上下级政府的激励结构研究，通过设计菜单式的收益共享契约，寻找最优的激励结构实现质量与收益共赢。不具有公平偏好时信息公开过程中采用的激励结构，并不适用于具有公平偏好的激励过程；信息公开过程中，下级政府的公平偏好是影响上级政府收益的重要原因；激励结构中的任何一个激励因素设置不合理，无论另外的激励因素如何变化，都很难达到较优的激励效果。因此，作为信息公开管理者的上级政府，在制定激励结构时，要将所有的激励因素视为一个系统，不能割裂地去设置激励结构中的激励因素，更加注意各激励因素之间的关联。

第五章 微政时代供给者与供给者之间信息公开行为动力系统探究

微政时代下的信息公开过程，不仅需要探究以上级政府为代表的信息公开管理者及以下级政府为代表的信息公开供给者间的行为模式，同时也不能忽视了以同级政府为代表的信息公开供给者之间行为模式与动力系统分析。因此，本章先从演化博弈的角度分析竞争机制视角下同级政府间信息公开的行为特征与动力策略；进而从委托代理的角度分析了同级政府间信息公开的激励制度与对策。

第一节 基于竞争机制的信息公开供给者与供给者间行为动力系统探究

信息公开供给者之间存在一个相互影响的动态博弈过程，既有各自利益又相互依存，彼此之间的博弈有其随机性，并且该博弈也是一个缓慢互相认知的过程，彼此存在着相互学习、模仿进而进行调整的行为。因此，本节首先分析供给者行为特征和利益关系，基于竞争机制，运用演化博弈模型研究双方群体博弈的行为规律，进而分析信息公开供给者间的均衡策略，提出相关的建议，最终建立微政时代信息公开进程中下级政府与下级政府间的行为动力系统。

一、问题的提出

微政时代信息公开一直是公共管理、信息管理领域研究的重点之一。国外研究内容主要包括：(1) Yang Tung-Mou 等学者从技术、组织、立法与政策、环境四个方面探究了微政时代信息公开行为的决定性因素，最终得到：立法和政策对微政时代信息公开行为的影响程度最大，组织和环境方面的因素是次要影响，技术因素对微政时代信息公开行为也存在着一定的影响程度，但在某些情况下可以被替换①。(2) Hansson Karin 等学者认为微政时代信息公开是比电子政务更为广泛的概念，但是并没有从根本上解决电子政务的弊端，即民主问题，所以该学者从民主的角度构建出微政时代信息公开分析框架，以探究信息公开行为中缺失的民主因素②。(3) Jimenez 从微政时代信息公开与智能政府角度开展电子政务互操作性研究，认为随着数据收集、处理和管理技术的不断进步，信息社会向“智能”社会过渡将越来越依赖于电子政务互操作性的技术、组织和其他方面的改进和扩展③。(4) Chinthapalli 等基于英国政府的学术信息公开政策研究了微政时代信息公开策略，研究认为，英国政府仓促决定通过支付(作者)文章费用的方式实现开放访问，增加了大学的成本；英国政府和研究委员会应重新考虑其当前的政策，并审查如何实现“绿色”开放访问和存储库以帮助英国走向完全开放访问④。(5)“维基犯罪”是为公众提供一个共同的互动空间的网站项目，公众可以在那里记录犯罪活动

① Yang Tung-Mou and Lo Jin, “To open or not to open? Determinants of open government data,” *Journal of information science* 41, No. 5(2015): 596—612.

② Hansson Karin and Belkacem Kheira, “Open Government and Democracy: A Research Review,” *Social science computer review* 33, No. 5(2015): 540—555.

③ Jimenez Carlos E and Solanas Agusti, “E-Government Interoperability: Linking Open and Smart Government,” *Computer* 47, No. 10(2014): 22—24.

④ Chinthapalli and Krishna, “Academics question government's policy on open access to study results,” *BMJ-British Medical Journal* 346(2013): 7—28.

并跟踪此类犯罪发生的地点，目的是鼓励合作参与，为每个人生成有用的信息。Furtado V 等学者借助该平台探究了微政时代信息公开与民众参与度之间关系①。

国内学者多从制度建设、法律法规、信息组织与利用等不同角度进行定性研究。刘磊等学者在总结以往微政时代信息公开评价研究成果的基础上，结合《中华人民共和国政府信息公开条例》，构建了公共参与视角下的信息公开绩效评估指标体系，该体系包含 4 个一级指标和 18 个二级指标。通过模糊层次分析法确定一、二级指标的权重，探讨信息公开的绩效评估操作，并以南京市 3 个行政区为例，对评估指标体系进行实证分析，最终表明该评估体系是实用可行的，对微政时代信息公开绩效评估研究具有一定意义②。朱红灿等学者认为公众满意度测评指标体系，对于微政时代信息公开具有强大的控制和引导作用，所以结合粗糙集权重确定方法构建了政府信息公开公众满意度测评指数体系，分析和检验了指标体系的有效性和操作性③。王勇超等对政府信息公开的经济效益进行研究，从信息具有价值的角度，运用博弈论中的纳什均衡模型进行理论论证，认为合作博弈是博弈双方的最好选择。具体而言，首先由不完全信息动态博弈倒逼出机制设计，通过法律保证政府信息公开。然后进行实证分析，使用各国人均 GDP 和政府公布信息自由法的年度之间关系证明微政时代信息公开有助于经济增长。由于微政时代信息公开降低了政府和市场主体决策错误的概率，优化了资源配置，因此，微政时代信息公开具

---

① Furtado V, Caminha C, Ayres L and Santos H, "Open Government and Citizen Participation in Law Enforcement via Crowd Mapping," *Intelligent Systems* 27, No. 4 (2012): 1541—1672.

② 刘磊、邵伟波:《公众参与视角下基于模糊层次分析法的政府信息公开绩效评估研究》,《情报理论与实践》2014 年第 37 期:73—78。

③ 朱红灿、张冬梅:《政府信息公开公众满意度测评指标体系的构建》,《情报科学》2014 年第 32 期:31—34。

在现实的必要性和巨大的经济效益[①]。严仍昱探究了政府信息公开中的利益博弈问题，认为信息公开制度建设过程实质是公众与政府、公众与第三方、政府与第三方之间的利益博弈过程，在信息公开中，利益博弈形成了以政府为主导的阻力系统和以公众为主导的动力系统，二者的力量对比关系决定着信息公开的未来走向，当信息公开中利益博弈各方的策略选择都为公共利益时，各方的收益均最好，信息公开也才能最终实现“正和博弈”[②]；赖茂生探究了政府信息公开过程中的制度变迁，从信息公开制度供给与制度需求关系入手，探求制度供求平衡中推动制度变迁的博弈过程，分析了制度供求双方特质，关注制度变迁的类型选择，通过对政治因素、经济因素与意识形态因素等正式制度与非正式制度助推因素的分析，构建了推动信息公开制度创新的动态制度环境模型，并提出推动信息公开制度创新的对策建议[③]；姜名桥探究了微政时代信息公开过程中的公众博弈相关内容，综合运用了社会学、西方经济学以及公共管理学中相关理论与观点，从合作博弈的视角分析了政府与社会组织的互动关系，试图通过建立对双方有约束的制度，避免个体理性导致的整体不理性，最终实现共赢[④]。

但是，这些研究主要是针对政府与公众之间、纵向政府之间的信息公开，相对忽视了同级政府间的信息公开研究。随着微政时代信息公开实践的不断深入，为了有效解决“信息孤岛”，真正实现政府“数据开放”，必须深入探讨和分析同级政府间的信息公开问题。

---

①　王勇超、周庆山:《政府信息公开的经济效益分析》,《现代情报》2015 年第 35 期:7—10。

②　严仍昱:《政府信息公开中利益博弈与策略》,《河南师范大学学报》2012 年第 39 期:77—80。

③　赖茂生、张丽丽:《政府信息公开制度研究初探：制度供求、制度变迁与制度创新》2015 年第 38 期:30—34。

④　姜名桥:《基于合作博弈视角的政府与社会组织互动关系研究》,博士学位论文,湘潭大学,2014。

同级政府是指处在科层结构中同一等级的，彼此没有行政隶属关系、地位关系对等的政府部门。具体而言，同级政府一方面是指同质的平级政府，例如：北京市朝阳区区政府与北京市海淀区区政府；另一方面指虽然性质不同，但是行政隶属地位相同的政府，例如：北京市财政局与北京市物价局。同级政府间的信息公开，是一个互相博弈的动态过程，应该考虑政府信息公开行为对彼此的影响。因此，本节拟运用演化博弈模型，聚焦同级政府间信息公开的行为特征，找出其中的规律，以期探求可行的对策。

二、信息公开供给者与供给者间演化博弈模型构建

（一）演化博弈模型引入

在传统博弈理论中，常常假定参与人是完全理性的，且参与人是在完全信息条件下进行的。但对于现实经济生活中的参与人而言，参与人完全理性与完全信息的条件很难实现。在合作竞争中，参与人之间是有差别的，经济环境与博弈问题本身复杂性所导致的信息不完全和参与人的有限理性问题显而易见。

演化博弈论摒弃了完全理性的假设，以达尔文生物进化论和拉马克的遗传基因理论为思想基础，从系统论出发，把群体行为的调整过程看作一个动态系统，在这个动态系统中每个个体的行为及其与群体之间的关系得到了单独的刻画，可以把从个人行为到群体行为的形成机制以及其中涉及的各种因素都纳入演化博弈模型中去，因此能够更真实地反映行为主体的多样性和复杂性，并且可以为宏观调控群体行为提供理论依据①。

① 肖静、李北伟：《基于演化博弈论的网络信息生态链演化过程研究》，《情报理论与实践》2014 年第 37 期：36—40。

在演化博弈论中，并不要求参与人是完全理性的，也不要求完全信息的条件，相对于其他博弈理论而言，演化博弈更接近现实[①]。在演化博弈论中，行为主体被假设为程序化地采用某一既定行为。行为主体对于经济规律或某种成功行为规则、行为策略的认识，是在演化过程中不断地修正和改进的，成功的策略被模仿，进而产生出一些“规则”和“制度”作为行为主体的行动标准，行为主体获得“满意”的收益。

行为主体在演化过程中不断修正和改进自己的行为，不断模仿成功策略等，都需要一个相对较长的时间。演化博弈论认为，时间是不可逆的，过去时间内的状态与未来时间的状态是不对称的，因而，行为主体状态的演化跟初始的时间状态息息相关。在演化博弈模型中，随机（突变）因素起着关键的作用，演化过程常被看成是一种试错的过程。行为人会尝试各种不同的行为策略，并且每一次都将发生部分替代。

演化博弈的核心概念是“演化稳定策略”和“复制动态方程”，分别表征演化博弈的稳定状态和向这种稳定状态的动态收敛过程。演化稳定策略的基本含义主要是：在给定环境下，如果一个策略被群体大部分个体所采用，并且由于其他策略无法产生比使用该策略更高的收益，该策略无法被其他策略所代替，则称该策略为演化稳定策略（ESS，Evolutionarily Stable Strategy）。从生物学角度来看，ESS 并不是动物在一堆策略中进行理性选择的结果，而是在进化过程中自然选择的结果，其本质是一种控制行为的遗传性状。ESS 可能并不是最理想的策略，而是一种相对于其他策略更适合的。因此 ESS 不是最终解，而是动态解，帮助我们解释在特定环境中物种的行为适应性。ESS 的一个重要应用潜力是不需要假设“博弈个体是理性的”，因此可以在很多情景中进行应用。

复制动态（replicator dynamics）的基本原理是：在有限理性（理性程

① 王绍东、陆敬筠、朱晓峰：《电子政务服务中地方政府与公众行为的演化博弈研究》，《科技管理研究》2014 年第 9 期：215—219。

度可以很低)博弈方组成的群体中,结果比平均水平好的策略会逐步被更多博弈方采用,从而群体中采用各种策略的博弈方比例会发生变化。在市场经济中显然有支持复制动态的有力证据,例如长期赢利能力处于平均水平之下的企业经营者的经营方式或理念,都会逐渐被市场竞争淘汰出局,而赢利能力高于平均水平的则会得扩张,被学习、模仿或引进,从而不同企业、经营模式等在市场中的份额和影响等也会逐渐变化。

在微政时代信息公开中,每个同级政府都是处于一个群体中相互独立的个体,既有各自利益又相互依存,彼此之间的博弈有其随机性。同级政府间信息是否公开,是一个不断博弈的过程,是一个努力获得最优解的过程。而且,同级政府都处在一个不断动态改变的环境,信息公开的行为在这种动态环境中不断学习、不断决策而产生变化,进而使个体产生动态演化式的行为规则,影响他人的选择、行为和决策。只有经过这一系列的演化过程,会使同级政府间信息公开达到一个稳定的状态,这种状态就是“演化稳定策略”。由于同级政府数量庞大、体制僵化、制度固化等原因,导致彼此学习、互相影响是一个缓慢的过程。“复制动态方程”则适用于观测同级政府间信息公开过程中,随机配对的反复博弈、策略调整过程。

综上所述,同级政府之间的博弈是一个缓慢互相认知的过程,彼此存在着相互学习、模仿进而进行调整的行为,符合演化博弈的假设条件。

(二) 演化博弈模型的建立

博弈方为两方:分别是同级政府 A 和同级政府 B。对于策略空间,两方同级政府的信息都具有两种选择:公开或者不公开。因此总的策略空间是:(公开,公开)(公开,不公开)(不公开,公开)(不公开,不公开)。其演化博弈矩阵,如表 5-1 所示。

表 5-1　微政时代信息公开下级政府与下级政府演化博弈的策略式表述

		下级政府 B	
		公开	不公开
下级政府 A	公开	$(a-c1+\alpha e, b-c2+(1-\alpha)e)$	$(a-c1, b-f2)$
	不公开	$(a-f1, b-c2)$	$(a-f1, b-f2)$

表 5-1 中的符号说明如下：a 代表同级政府 A 采取信息公开策略的收益；b 代表同级政府 B 采取信息公开策略的收益；$c1$ 和 $c2$ 分别代表同级政府 A 和 B 采取信息公开策略的成本；$f1$ 和 $f2$ 分别代表同级政府 A 和 B 采取信息不公开策略的惩罚；e 代表同级政府 A 和 B 同时采取信息公开策略时，获得额外收益；α 为同级政府 A 获得额外收益的比率，所以 $1-\alpha$ 为同级政府 B 获得额外收益的比率。其中，额外收益包括：经济收益、声誉、民众信任度等只有当双方都采取信息公开策略才可以获得的收益；成本包括：信息收集成本、信息处理成本、相关人力成本等。双方博弈的扩展式表示如图 5-1 所示。

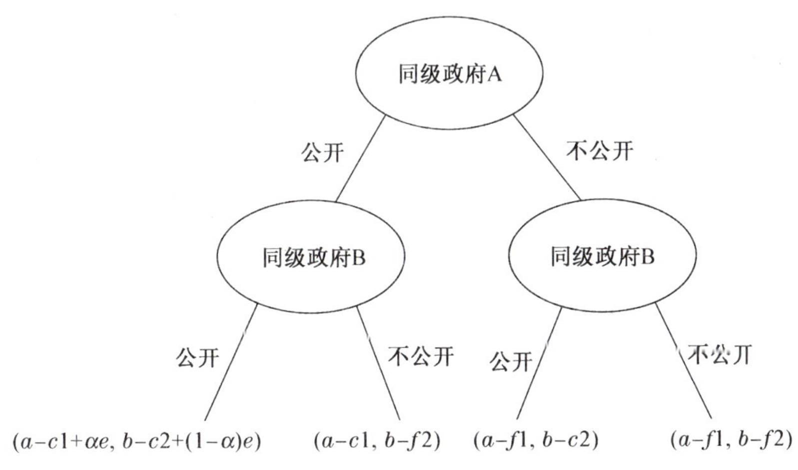

图 5-1　双方博弈的扩展式图

三、信息公开供给者与供给者间演化博弈模型分析

假设同级政府 A 采取信息公开策略的概率为 x，其中 $0<x<1$，则采取信息不公开策略的概率为 $1-x$；同级政府 B 中采取信息公开策略的概率为 y，其中 $0<y<1$，采取信息不公开策略概率为 $1-y$。

(1) 下级政府 A 信息公开演化路径及演化稳定策略

对同级政府 A 采取信息公开策略的期望收益 $S1$、采取信息不公开策略的期望收益 $S2$、采取信息公开与信息不公开混合策略的平均收益 $E(s)$、动态复制方程 $F(x)$进行计算和分析：

$$S1=y(a-c1+\alpha e)+(1-y)(a-c1)=y\alpha e+a-c1 \tag{1}$$

$$S2=y(a-f1)+(1-y)(a-f1)=a-f1 \tag{2}$$

$$E(s)=xS1+(1-x)S2=x(y\alpha e+a-c1)+(1-x)(a-f1)=xy\alpha e-xc1+xf1+a-f1 \tag{3}$$

$F(x)=x(S1-E(s))$，把式(1)和式(3)带入得到：

$$F(x)=x(S1-E(s))=x(1-x)(y\alpha e-c1+f1) \tag{4}$$

对同级政府 A 的复制动态方程进行稳定状态分析，依据复制方程的稳定性定理，判断是否为演化稳定状态的依据是必须使得稳定状态处的导数(切线的斜率)小于 0，所以对 $F(x)=x(S1-E(s))=x(1-x)(y\alpha e-c1+f1)$ 求导，得到：

$$F'(x)=\frac{\mathrm{d}F(x)}{\mathrm{d}x}=(1-2x)(y\alpha e-c1+f1) \tag{5}$$

由式(5)得出同级政府 A 的稳定策略。对同级政府 A 的复制动态方程分析，总体上分为三种情形：

情形一：$(c1-f1)/\alpha e$ 在$(0,1)$间，此时 $c1-f1-\alpha e<0$，即 $c1<\alpha e+f1$，同级政府 A 信息公开的成本 $c1$，小于其信息公开的额外收益 αe 与信息不公开的惩罚 $f1$ 之和。

a. 当同级政府 B 中采取信息公开策略的概率 $y=(c1-f1)/\alpha e$ 时，

$F(x)=0$,也就是说所有的 x 都是稳定状态,即如图 5-2 中①图所示:当同级政府 B 中采取信息公开策略概率 $y=(c1-f1)/\alpha e$ 时,同级政府 A 进行信息公开或信息不公开收益都是无差异的。

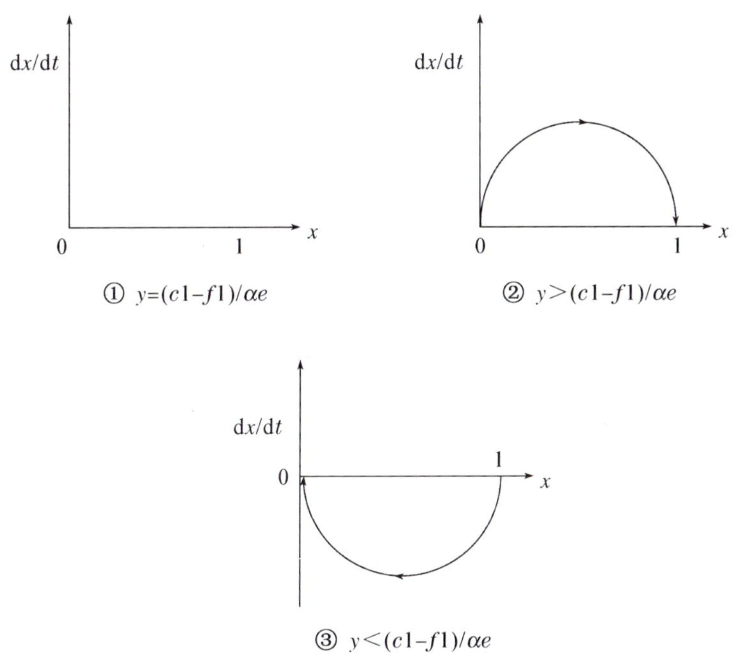

① $y=(c1-f1)/\alpha e$　　② $y>(c1-f1)/\alpha e$

③ $y<(c1-f1)/\alpha e$

图 5-2　同级政府 A 复制动态相位图

b. 当同级政府 B 中采取信息公开策略的概率 $y>(c1-f1)/\alpha e$ 时,$\alpha ey-c1+f1>0$,$x=0$ 和 $x=1$ 是 x 的两个稳定状态,根据微分方程的稳定性定理与演化稳定策略的性质,当 $F'(x)<0$,x 为演化稳定策略。把 $x=0$ 和 $x=1$ 分别带入到 $F'(x)$中,可得 $F'(1)<0$,所以 $x=1$ 为演化稳定策略,即如图 5-2 中②图所示:经过长期演化,同级政府 A 会趋向于信息公开的策略($x\rightarrow 1$)。

c. 当同级政府 B 中采取信息公开策略的概率 $y<(c1-f1)/\alpha e$ 时,$\alpha ey-c1+f1<0$,$x=0$ 和 $x=1$ 是 x 的两个稳定状态,带入可得 $F'(0)<0$,所以 $x=0$ 为演化稳定策略,即如图 5-2 中③图所示:经过长

期演化，同级政府A会趋向于信息不公开的策略($x\to 0$)。

情形二：$(c1-f1)/\alpha e$ 小于0，此时 $c1-f1<0$，即 $c1<f1$，同级政府A的信息公开成本 $c1$ 小于采取信息不公开的惩罚 $f1$。因为 $0<y<1$，所以 $y>(c1-f1)/\alpha e$，由情形一中b的讨论可知，$x=1$ 是演化稳定策略。即如图5-2中②图所示：当同级政府B中采取信息公开策略的概率 $y>(c1-f1)/\alpha e$ 时，同级政府A将采取信息公开为演化稳定策略($x\to 1$)。

情形三：$(c1-f1)/\alpha e$ 大于1，此时 $c1>\alpha e+f1$，即同级政府A采取信息公开策略的成本 $c1$，大于其采取信息公开策略的额外收益 αe 与采取信息不公开策略的惩罚 $f1$ 之和。因为 $0<y<1$，所以 $y<(c1-f1)/\alpha e$，由情形一中c的讨论可知，$x=0$ 是演化稳定策略。即如图5-2中③图所示：当同级政府B中采取信息公开策略的概率 $y<(c1-f1)/\alpha e$ 时，同级政府A将采取信息不公开为演化稳定策略($x\to 0$)。

上述三种情况下，同级政府A信息公开行为的复制动态相位图如图5-2所示。总的来看，同级政府A采取信息公开策略的成本 $c1$，小于信息公开获得的额外收益 αe 与信息不公开获得的惩罚 $f1$ 之和；甚至更保守，同级政府A的信息公开成本 $c1$ 小于采取信息不公开的惩罚 $f1$，同级政府A会选择信息公开策略。

(2) 下级政府B信息公开演化路径及演化稳定策略

类似的，对同级政府B采取信息公开策略的期望收益 $w1$、采取信息不公开策略的期望收益 $w2$、采取信息公开与信息不公开混合策略的平均收益 $E(w)$、动态复制方程 $F(y)$ 进行计算；得到同级政府B的演化稳定策略；然后，分析同级政府B的复制动态方程，从而得出同级政府B的演化路径，即如图5-3所示，同级政府B信息公开行为的复制动态相位图。

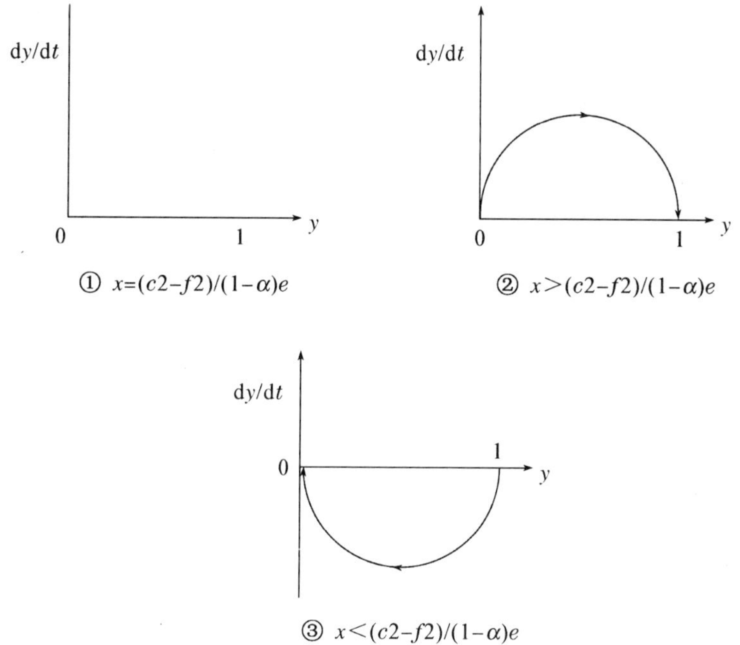

图 5-3　同级政府 B 复制动态相位图

总的来看，同级政府 B 采取信息公开策略的成本 $c2$，小于信息公开获得的额外收益 $(1-\alpha)e$ 与信息不公开承担的惩罚 $f2$ 之和；或者，同级政府 B 的信息公开成本 $c2$ 小于采取信息不公开的惩罚 $f2$，同级政府 B 会选择信息公开策略。

(3) 下级政府 A 和 B 信息公开复制动态稳定性研究

上述分析都是同级政府 A 和 B 分别站在自身的角度上，观测到另一博弈方的行为选择后，再调整自身的行为，以使得自身的收益最大化。但是，在现实中更多的是同级政府 A 和 B 同时进行行为选择和行为调整；更容易被接受的是如何达到博弈双方最优，而不是单个个体最优。所以，需要研究同级政府 A 和 B 的复制动态稳定性，进一步观测同级政府 A 和 B 之间策略的动态调整过程。

如图 5-4 所示，把图中的四个区域分别编号为Ⅰ、Ⅱ、Ⅲ、Ⅳ，通过上文中对演化稳定策略以及复制动态的相位图分析，$x=0$、$y=0$ 和 $x=1$、$y=1$是这个演化博弈的稳定状态。其中，区域Ⅱ与区域Ⅲ是演化稳定区域，区域Ⅰ与区域Ⅳ是未达到演化稳定的区域。

对于图 5-4 中的Ⅰ区域来说，当 $x<(c2-f2)/(1-\alpha)e$ 时，$y=0$ 为演化稳定策略，所以箭头向下。当 $y>(c1-f1)/\alpha e$ 时，$x=1$ 为演化稳定策略，所以箭头向右。由此可以看出，当同级政府 A 与同级政府 B 的状态位于Ⅰ区域时，博弈有收敛于均衡点(1,0)的趋势，所以同级政府 A 趋于采取信息公开策略，而同级政府 B 宁愿承担惩罚也会趋于采取信息不公开策略。

对于图 5-4 中的Ⅱ区域来说，当 $x>(c2-f2)/(1-\alpha)e$ 时，$y=1$ 为演化稳定策略，所以箭头向上。当 $y>(c1-f1)/\alpha e$ 时，$x=1$ 为演化稳定策略，所以箭头向右。由此可以看出，当同级政府 A 与同级政府 B 的状态位于Ⅱ区域时，博弈有收敛于均衡点(1,1)的趋势，同级政府 A 趋于采取信息公开策略，而同级政府 B 也愿意采取信息公开策略，稳定策略逐渐向“帕累托最优”的方向演化，按照这种趋势的发展，就可能会达成“双赢”的局面，进而促进双方政府的合作，实现地区的经济的增长，所以，现实中，要尽可能地减少其他区域面积，增加区域Ⅱ的面积。

对于图 5-4 中的Ⅲ区域来说，当 $x<(c2-f2)/(1-\alpha)e$ 时，$y=0$ 为演化稳定策略，所以箭头向下。当 $y<(c1-f1)/\alpha e$ 时，$x=0$ 为演化稳定策略，所以箭头向左。由此可以看出，当同级政府 A 与同级政府 B 的状态位于Ⅲ区域时，博弈有收敛于均衡点(0,0)的趋势，同级政府 A 和同级政府 B 都宁愿承担惩罚也不会采取信息公开策略，所以在现实中，要尽量减少区域Ⅲ的面积，使得同级政府之间公开信息，互通交流。

对于图 5-4 中的Ⅳ区域来说，当 $x>(c2-f2)/(1-\alpha)e$ 时，$y=1$ 为演化稳定策略，所以箭头向上。当 $y<(c1-f1)/\alpha e$ 时，$x=0$ 为演化稳定策略，所以箭头向左。由此可以看出，当同级政府 A 与同级政府 B 的状态位于Ⅳ区域时，博弈有收敛于均衡点(0,1)的趋势，同级政府 B 趋于采

取信息公开策略，而同级政府 A 宁愿承担惩罚也会趋于采取信息不公开策略。

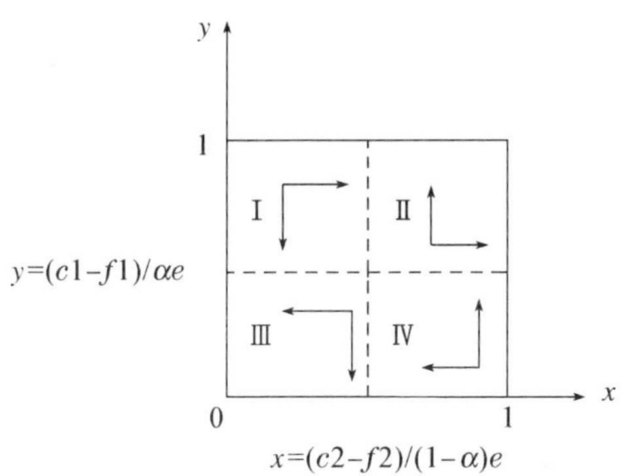

图 5-4　同级政府 A 和 B 之间复制动态稳定图

总而言之，当同级政府 A 和 B 处于区域Ⅰ或区域Ⅳ时，最终的稳定状态可能收敛到区域Ⅲ中的(0,0)或者区域Ⅱ中的(1,1)，这取决于博弈双方——同级政府 A 和 B 的学习速度和策略调整速度。例如：同级政府 A 和 B 同时处于区域Ⅰ中，如果同级政府 B 有较快的学习和策略调整速度，那么当观测到同级政府 A 实行信息公开策略的概率较高，并且信息公开的趋势日益明显，同级政府 B 就可以快速调整自己的策略，也采取信息公开策略，使得双方的稳定策略向区域Ⅱ转移；当同级政府 A 和 B 同时处于区域Ⅳ中，如果同级政府 A 有较快的学习和策略调整速度，那么当观测到同级政府 B 实施信息公开策略的概率较高，并且信息公开的趋势日益明显，同级政府 A 就会改变策略，采取信息公开策略，使得双方的稳定策略向区域Ⅱ转化。同理，转向区域Ⅲ的博弈策略分析过程类似于转向区域Ⅱ的博弈策略分析过程。显然，同级政府 A 和 B 的稳定状态收敛到区域Ⅱ是最佳结果。

由上述分析可知，同级政府 A 实行信息公开策略需要满足三个条件：一是考虑采取信息公开策略所消耗成本 $c1$ 的大小。由式(4)可知，当 $c1<\alpha e+f1$ 时，即同级政府 A 信息公开的成本 $c1$，小于额外收益 αe 与信

息不公开的惩罚 $f1$ 的和；此时，同级政府A采取信息公开策略的收益 $s1$ 大于平均收益 $E(s)$，同级政府A会考虑采取信息公开策略。二是考虑到同级政府B采取信息公开策略的概率。当 $y>(c1-f1)/\alpha e$ 时，同级政府A才愿意考虑采取信息公开的策略。因为如果同级政府B不实行信息公开，同级政府A也就没有因信息公开而获得额外收益 αe，并且还会损失因采取信息公开策略消耗的成本 $c1$。三是同级政府A的学习和策略调整速度。同级政府A只有具备较快的学习和策略调整速度，才能在观测到同级政府B信息公开策略的时候，及时、迅速调整自身策略，使得效益最大化。同理，同级政府B实行信息公开策略同样需要满足上述三个条件。

综上所述，同级政府间信息公开，是一个相互影响的动态过程，树立标杆、学习典型至关重要。只有这样，同级政府才可以通过互相不断模仿和学习，使得实行“信息公开”行为的概率增加；并且，这些政府部门之间的信息公开可以相互影响，进而促进整个同级政府间的信息公开。

第二节　基于激励机制的信息公开供给者与供给者间行为动力系统探究

前文通过演化博弈，分析了微政时代信息公开中同级政府良性互动的策略选择及其调整。随着双方信息公开和数据开放的不断深入交融，如何以大数据驱动技术，打破信息孤岛，实现数据开放平台共享和信息系统集成成为必然的选择。数据开放共享平台、大数据技术仅仅是实现信息公开供给者之间动力系统的硬件支撑，必要的激励机制作为推动微政时代信息公开、实现政府数据开放共享的制度保证。本节拟通过研究同级政府的数据开放共享激励机制，构建出信息公开供给者与供给者间行为动力系统。

一、问题的提出

2017年党的十九大指出:改革创新本领的增强,要善于运用互联网技术和信息化手段开展工作。近年来,云计算与大数据不期而遇,共享经济模式如火如荼,政府数据开放共享建设紧随国家政策导向,通过数据开放平台共享,实现了政府间信息系统的集成。大数据背景下数据开放共享使政府间的信息孤岛现象有望被打破,政府数据开放共享模式是未来发展的大势所趋。因此,国内外学者重点从共享平台、模式构建、政策体系等角度对中国政府数据开放共享进行了研究:(1)开放的现状研究:岳丽欣等认为开放数据已经成为一种趋势,但现有的平台开放数据类型、开放方式以及资源获取方式上与发达国家存在较大差距,针对这些问题,他们从数据管理、数据服务以及互动交流功能三个方面对中国政府公开信息整合服务平台给出相关建设建议,构建一个数据管理规范、数据服务周全、沟通良好的数据开放平台理论框架①;杨瑞仙等针对国内数据开放平台存在数据量少、实用性和规范性差、缺乏完善与系统的数据描述等6个方面的问题,为政府数据开放提出切实可行的建议和对策②;Tagliacozzo采用定性和定量的方法对政府信息开放行为进行研究,探究了信息开放方式对公民向政府提供信息的影响③。(2)开放共享技术研究:黄如花等通过文献调研、网站访问、搜索引擎检索等方式调查,从互联网技术角

① 岳丽欣、刘文云:《我国政府数据开放平台建设现状及平台框架构建研究》,《图书馆》2017年第2期:81—85,107。

② 杨瑞仙、毛春蕾、左泽:《我国政府数据开放平台建设现状与发展对策研究》,《情报理论与实践》2016年第39期:27—31。

③ Tagliacozzo S,"Government Agency Communication during Postdisaster Reconstruction: Insights from the Christchurch Earthquakes Recovery," *Natural Hazards Review* 19. No. 2(2018): 338—351.

度对政府数据开放共享技术进行功能完善，进而优化用户体验①；Viscusi提出公众如何更好地参与政府数据信息共享行为已经成了核心问题，并从政府政策建构、数据管理和利益相关者参与三个层面，对现有的信息共享技术进行优化②。(3) 开放合作机制研究：武琳以欧洲政府为例，从政策、资金、培训、评估4个方面搭建政府数据合作模式，重点分析了数据共建共享合作的实现途径，欧洲数据门户的数据源整合、数据发布、数据利用和许可协议③。

显而易见的是，大数据驱动下的技术因素是政府数据开放共享信息机制的建设和发展的外源推力，非技术因素才是政府实现信息化战略目标的内源动力。数据开放共享平台、技术是实现政府职能的硬件支撑，其发展并不能消除政府部门之间因利益的失衡而产生对数据开放共享的消极态度④。因此，必须要有相应配套激励手段作为制度驱动。

大数据时代下，政府公共信息资源的有效管理涉及政府部门、公司企业、第三部门、社会公众的利益，是一个社会协同的过程，社会机构间的相互合作对协同效应产生正向影响，由于政府数据开放共享平台价值的充分发挥，需要协作机制的构建，提倡和倡导“社会协同”和“公众参与”⑤。因此，政府公共信息资源协作管理的运行和保障机制便应运而生，协作技

---

① 黄如花、王春迎：《我国政府数据开放平台现状调查与分析》，《情报理论与实践》2016年第39期：50—55。

② Viscusi G, Spahiu B, Maurino A, et al.,“Compliance with open government data policies: an: an empirical assessment of Italian local public administrations,” *Information Polity* 19, No. 3,4(2014): 263—275.

③ 武琳、伍诗瑜：《欧洲开放政府数据合作模式与实现——跨地区共建共享典范》，《情报资料工作》2017年第4期：75—80。

④ 沈晶、胡广伟：《利益相关者视角下政府数据开放价值生成机制研究》，《情报杂志》2016年第35期：92—97。

⑤ Yang T M, Zheng L and Pardo T A, “The Boundaries of Information Sharing and Integration: A Case Study of Taiwan e-Government,” *Government Information Quarterly* 29(2012): 51—60.

术应用水平的提高，减少了政府公共信息资源协作管理的整合成本和协作成本①。换而言之，大数据时代下政府数据开放共享产生的收益分配过程中必然要考虑由于合作带来信息价值密度提升的协同效应。

综上，本节拟基于协同效应视角，定量分析大数据背景下政府间数据开放共享的协同效应、共享努力成本系数、努力产出系数、努力水平、收益及收益分享比例，以期寻求不同条件的最优收益分配，激励不同政府间实现数据开放共享收益最大化。

二、信息公开供给者与供给者间线性契约委托代理模型构建

政府数据开放共享平台首先把政府上传的数据信息转化为具有生产力价值的信息，通过政府间的通力合作，实现政府职能的提升，整体收益的增加，最后按政府部门信息投入分配收益、分享补偿费用比例，实现帕累托最优，以此健全政府数据开放共享激励机制。表 5－2 是对分析中出现的符号进行说明。

表 5－2 符号说明

符号	具体描述	符号	具体描述
F	整体收益	e	数据开放共享努力水平
t	努力产出系数	λ	协同效应
$c(e_i)$	政府 i 数据开放共享成本	π_i	政府 i 的收益
b	努力成本系数	m	补偿费用
$E\pi$	政府收益	γ	收益分享比例

假设，参与政府数据开放共享政府有 N 个，N 个政府共同向政府数据开放共享平台上传其拥有的大数据信息。把 e_i 作为政府 i 的共享努力水平，政府投入的资源主要为自己部门内部可被公开的文件、档案、影像

① 李樵：《我国政府数据开放立法的可行性分析和要素设计》，《情报理论与实践》2018 年第 5 期：1—11。

等数据资源。政府数据开放共享的整体收益为 F，受数据共享努力水平 e_i，努力产出系数 t_i 及随机因素 ε 的影响，将整体收益与努力水平间的关系定为：

$$F=\left(\sum_{i=1}^{n} t_i e_i+\lambda \prod_{i=1}^{n} e_i\right)\varepsilon \tag{1}$$

其中，ε 服从均值为 0，方差为 σ^2 的正态分布，且 $E\varepsilon=1$，$\lambda\in[0,\infty)$ 为数据开放共享后的协同效应系数，是信息所特有的价值特征之一。协同效应是由于信息经过融合互补、优化整合所形成的"1+1>2"的效果，λ 越大，政府间的信息协同创造能力就越强。数据开放共享过程中的协同效应的产生能够激发政府间合作的动力。

在式(1)中，$\sum_{i=1}^{n} t_i e_i$ 是各个政府对自身拥有的数据资源的应用所产生的效用。$\lambda \prod_{i=1}^{n} e_i$ 代表的是多个政府部门在合作过程中，因协同效应而产生的收益，是在一定的努力水平下，政府因数据开放共享而产生的大于不共享条件下各自的收益之和的部分。$\prod_{i=1}^{n} e_i$ 在一定程度上反映的是双方合作意愿。当 $\lambda=0$ 时说明政府间的数据开放共享不存在协同效应，当 $\lambda>0$ 时说明具有协同效应。

政府 i 因努力水平所产生的人力、物力投入 $c(e_i)=\frac{1}{2}b_i e_i^2$，$b(b>0)$ 为努力成本系数。努力成本系数的差异，反映的是不同政府在数据开放效率上的差异。成本系数越大，则该政府取得同样收益所付出的代价就越大，数据开放效率就越低。成本系数 b、努力产出系数 t、努力水平 e 共同决定着政府共享效率的高低，且满足 $\prod_{i=1}^{n} b_i>\lambda^n$。满足 $c'(e_i)>0$，$e''(e_i)>0$，随着数据共享程度的提高，边际成本增加。为了激励参与政府的数据共享努力程度，采用收益线性分配及单边补偿费用进行共享，政府 i 所得的收益为：

$$\pi_i(e_1,e_2,\cdots e_i;\gamma_i,m_i)=\gamma(\sum_{i=1}^{n}t_ie_i+\lambda\prod_{i=1}^{n}e_i)+m_i-\frac{1}{2}b_ie_i^2 \tag{2}$$

其中，m 为单边补偿费用，$\gamma\geqslant 0$ 为收益分享比例，产出效应系数 $t_i>0$，收益分配满足以下条件：$m_1+m_2+\cdots+m_i=0$，$\gamma_1+\gamma_2+\cdots+\gamma_n=1$，当 $m_1>0$ 时，表示部门 1 因较高的数据开放共享努力水平，获得了其余政府给予的单边补偿费用。

三、信息公开供给者与供给者间线性契约委托代理模型分析

由于政府部门间数据开放共享过程不对称现象，使得收益共享模式不能实现帕累托最优，在找不到最优解的前提下，政府部门间的次优线性激励契约可以通过追求自身利益最大化，实现激励相容约束下数据开放共享带来的最大化收益。为降低计算的复杂性，本书以两个同级政府部门为例进行分析。

$$\max_{e_1,e_2(a_1,a_2,m_1,m_2)}E\pi(e_1,e_2)=E\pi_1+E\pi_2=t_1e_1+t_2e_2+\lambda e_1e_2-\frac{1}{2}b_1e_1^2-\frac{1}{2}b_2e_2^2 \tag{3}$$

$$\text{s.t.}\quad e_i\in\arg\max\pi_i\quad i\in\{1,2\} \tag{4}$$

其中，式(3)为目标函数，$E\pi(e_1,e_2)$表示两政府部门间数据开放共享所产生的总收益；式(4)为 IC 约束，因数据开放共享过程中政府所拥有的大数据信息不可被观察，参与共享的政府部门仅追求自身收益的最大化。

命题 1，假设$(e_1^*,e_2^*,\gamma_1^*,\gamma_2^*,m_1^*,m_2^*,t_1^*,t_2^*)$为目标函数的最优解，那么$(\gamma_1^*,\gamma_2^*,m_1^*,m_2^*,t_1^*,t_2^*)$是最优的激励合约。

证明：政府 i 的收益为：$\pi_i^*=\gamma_i^*(t_1^*e_1^*+t_2^*e_2^*+\lambda e_1^*e_2^*)+m_1^*-\frac{1}{2}b_i^*e_i^{*2}$，存在一解$(\gamma_1',\gamma_2',m_1',m_2',t_1',t_2')$优于$(\gamma_1^*,\gamma_2^*,m_1^*,m_2^*,t_1^*,t_2^*)$，由于政府在数据开放共享过程中的信息不对称，均优先选择满足约束(4)的前提下，实现自身收益最大的共享努力水平，记为(e_1^0,e_2^0)，产生的期望收益为 $E\pi_1^0+E\pi_2^0\geqslant E\pi_1^*+E\pi_2^*$，$i=1,2$，这与$(e_1^*,e_2^*,\gamma_1^*,\gamma_2^*,m_1^*,m_2^*$，

t_1^*, t_2^*)是最优解相矛盾。

在共享信息努力程度不对称且风险呈中性时,式(3)、式(4)所构成的模型为最优收益分享模型,依据纳什均衡对最优数据开放共享努力水平 e_1^*, e_2^* 设定,且给定 γ_1, γ_2,可得:

$$\begin{cases} \gamma_1(e_1, e_2) = \dfrac{b_1 e_1}{t_1 + \lambda e_2} \\ \gamma_2(e_1, e_2) = \dfrac{b_2 e_2}{t_2 + \lambda e_1} \end{cases} \tag{5}$$

又因为 $\gamma_1 + \gamma_2 = 1$,通过构造拉格朗日函数,求偏导后可得为:

$$\begin{cases} e_1 = \dfrac{b_2 t_2 \gamma_1 + \gamma_1 \gamma_2 t_2 \lambda}{b_1 b_2 - \gamma_1 \gamma_2 \lambda^2} \\ e_2 = \dfrac{b_1 t_1 \gamma_2 + \gamma_1 \gamma_2 t_1 \lambda}{b_1 b_2 - \gamma_1 \gamma_2 \lambda^2} \end{cases} \tag{6}$$

将式(6)代入构建的拉格朗日函数中,简化为:

$$(b_1 + b_2)\lambda^2 t_1 t_2 \gamma_1^3 - (b_1 t_1^2 + 2b_1 t_1 t_2 + b_2 t_1 t_2 - b_2 t_2^2)\lambda^2 \gamma_1^2 + (b_1^2 b_2 t_1 t_2 + b_1 b_2^2 t_1 t_2 + 2b_1 b_2 t_1^2 \lambda + 2b_1 b_2 t_2^2 \lambda + 2b_1 t_1^2 \lambda^2 + b_1 t_1 t_2 \lambda^2)\gamma_1 - (b_1^2 b_2 t_1 t_2 - b_1^2 b_2 t_2^2 + b_1 b_2^2 t_1^2 + 2b_1 b_2 t_1 \lambda + b_1 t_1^2 \lambda^2) = 0 \tag{7}$$

当 $\lambda = 0$ 时,最优共享努力程度为: $\begin{cases} \gamma_1^* = \dfrac{b_1 t_2 (t_1 - t_2) + b_2 t_1^2}{(b_1 + b_2) t_1 t_2} \\ \gamma_2^* = \dfrac{b_2 t_1 (t_2 - t_1) + b_1 t_2^2}{(b_1 + b_2) t_1 t_2} \end{cases}$,由此可得:

$$\frac{\partial \gamma_i^*}{\partial b_i^*} = \frac{t_j^2 b_1 (t_i - t_j)}{(b_i + b_j)^2 t_i t_j}。$$

定理 1:在政府数据开放共享过程中不存在协同效应时,这说明政府不会因为合作而产生额外的收益,那么,政府的线性收益分享比例受其努力产出系数 t_i 的影响:① 当 $t_i < t_j$ 时,政府 i 的最优收益分享比例与其努力产出系数成反比;② 当 $t_i > t_j$ 时,政府 i 的最优收益分享比例与其共享努力产出系数成正比;③ 当 $t_i = t_j$ 时,政府 i 的最优收益分享比例独立于

努力成本系数 b_j。

当 $\lambda>0$，$\gamma_1=x-\dfrac{-(b_1t_1^2+2b_1t_1t_2+b_2t_1t_2-b_2t_2^2)\lambda^2}{3(b_1+b_2)\lambda^2t_1t_2}=x+\dfrac{b_1t_1^2+2b_1t_1t_2+b_2t_1t_2-b_2t_2^2}{3(b_1+b_2)t_1t_2}$，则 $x=\gamma_1-\dfrac{b_1t_1^2+2b_1t_1t_2+b_2t_1t_2-b_2t_2^2}{3b_1b_2(b_1+b_2)}$ 代入 $x^3+px+q=0$ 后，与式(7)比较后，得出

$$p=\frac{[b_1t_1t_2(b_1+b_2)(b_1b_2t_1t_2+b_2^2t_1t_2+2b_2t_1^2\lambda+2b_2t_2^2\lambda+2t_1^2\lambda^2+t_1t_2\lambda^2+\lambda^2(b_1t_1^2+2b_1t_1t_2+b_2t_1t_2-b_2t_2^2]^{2/3}}{t_1^2t_2^2(b_1+b_2)\lambda^2}>0$$

$$q=b_1t_1^2t_2^2(b_1+b_2)^2(-b_1b_2t_1t_2+b_1b_2t_2^2-b_2^2t_1^2-2b_2t_1\lambda-t_1^2\lambda^2)+b_1t_1t_2(b_2+b_2)(b_1t_1^2+2b_1t_1t_2+b_2t_1t_2-b_2t_2^2)(b_1b_2t_1t_2+b_2^2t_1t_2+2b_1t_1^2\lambda+2b_2t_2^2\lambda+2t_1^2\lambda^2+t_1t_2\lambda^2)/3-\frac{2\lambda^2(b_1t_1^2+2b_1t_1t_2+b_2t_1t_2-b_2t_2^2)}{t_1^3t_2^3(b_1+b_2)^3}$$

根据判别式 $\Delta=\left(\dfrac{q}{2}\right)^2+\left(\dfrac{p}{3}\right)^3>0$，说明式(7)有一实根，利用卡尔丹公式可得式：

$$\begin{cases}\gamma_1^*=\dfrac{b_1t_1^2+2b_1t_1t_2+b_2t_1t_2-b_2t_2^2}{3b_1b_2(b_1+b_2)}+\sqrt[3]{\sqrt{(q/2)^2+(p/3)^3}-q/2}+\sqrt[3]{-\sqrt{(q/2)^2+(p/3)^3}-q/2}\\ \gamma_2^*=\dfrac{b_1t_1^2+2b_1t_1t_2+b_2t_1t_2-b_2t_2^2}{3b_1b_2(b_1+b_2)}-\sqrt[3]{\sqrt{(q/2)^2+(p/3)^3}-q/2}+\sqrt[3]{-\sqrt{(q/2)^2+(p/3)^3}-q/2}\end{cases}\tag{8}$$

当协同效应 $\lambda\to0$ 且产出系数相同，即 $t_1=t_2$ 时，$\dfrac{q}{p}=\dfrac{b_1-b_2}{b_1+b_2}$，又因为

$$\lim_{\lambda\to0}x=\sqrt[3]{\sqrt{(q/2)^2+(p/3)^3}-q/2}+\sqrt[3]{-\sqrt{(q/2)^2+(p/3)^3}-q/2}=\lim_{\lambda\to0}\left(\sqrt[3]{\frac{-q}{2}+\left(\frac{p}{3}\right)^{\frac{3}{2}}}+\sqrt[3]{\frac{-q}{2}-\left(\frac{p}{3}\right)^{\frac{3}{2}}}\right)=-\frac{q}{p}=-\frac{b_1-b_2}{b_1+b_2}$$

当 $b_1=b_2$，则 $\gamma_1^*=\gamma_2^*=\frac{1}{2}$；当 $b_1\to\infty$ 时，$\lim\limits_{b_1\to\infty}x=-\frac{q}{p}=-1$，因此 $\lim\limits_{b_1\to\infty}\gamma_1^*=\frac{b_1}{b_1+b_2}-1=0$；当 $b_2\to\infty$ 时，$\lim\limits_{b_2\to\infty}x=\frac{q}{p}=1$，因此，$\lim\limits_{b_2\to\infty}\gamma_1^*=\frac{b_1}{b_1+b_2}+1=1$。

定理 2：数据开放共享过程中存在协同效应时，政府努力成本系数 b_i 对利益分配的影响：第一，如果部门间的政府数据开放共享努力成本系数相同且努力产出系数相同时，两政府的收益分享比例相同；第二，当一方政府努力成本系数过大，说明该方政府毫无效率时，该政府的收益分享比例趋近于 0，只能把其他政府给予的单边补偿费用作为该政府的收益。

由于 $\frac{\partial\gamma_i}{\partial e_i}=\frac{b_1}{t_1+\lambda e_2}>0$，$\frac{\partial\gamma_i}{\partial t_i}>0$，$\frac{\partial\gamma_i}{\partial t_j}<0$，$\frac{\partial\gamma_i}{\partial m_i}=0$，$i\neq j$ 可知，数据开放共享收益分享比例与努力水平成正比，这与事实相吻合，当一方政府提升努力水平，能够提高整个政府系统的总收益，理应加大收益分享比例；数据开放共享收益分享比例与自身努力产出系数成正比，与对方的努力产出系数成反比。一方的产出水平提升，在相同成本下数据开放共享收益增加，势必会通过增大收益分享比例，以此激励该政府加大数据开放共享投入。同时，通过降低对方的收益分享比例，以此达到对政府的合理奖惩及激励效果。

定理 3：数据开放共享过程中存在协同效应时，一方政府能够获得的最优收益分享比例与单边补偿费用无关，随着政府自身共享努力水平的增大而增大，随着政府间的协同效应及自身的努力产出系数的增大而增大，随着对方的努力产出系数的增大而减小。

定理 3 是符合直觉的，当一方政府努力水平增加，那么在既定投入成本下的数据开放共享的产出也会随之增加，势必要加大对其收益分享的比例的激励；同时，当政府努力产出系数增加，说明该政府效率高，对其增加收益奖励，对整个合作系统来说也是值得的。

把式(8)代入式(7),可求得,最优努力水平为:

$$\begin{cases} e_1^* = \dfrac{b_2 t_2 \gamma_1^* + \gamma_1^* \gamma_2^* t_2 \lambda}{b_1 b_2 - \gamma_1^* \gamma_2^* \lambda^2} \\ e_2^* = \dfrac{b_1 t_1 \gamma_2^* + \gamma_1^* \gamma_2^* t_1 \lambda}{b_1 b_2 - \gamma_1^* \gamma_2^* \lambda^2} \end{cases} \tag{9}$$

由于政府的努力水平与协同效应成正比,则协同整合效应的提升将激励参与政府间的数据开放共享努力程度。由收益函数可知,努力水平 e_i 为收益最大化的激励因素,协同效应 λ 为外生变量,如下有:$\dfrac{\partial^2 E\pi}{\partial e_1 \partial e_2}=k\geqslant 0$,$\dfrac{\partial^2 E\pi}{\partial k \partial e_1}=e_2\geqslant 0$,$\dfrac{\partial^2 E\pi}{\partial k \partial e_2}=e_1\geqslant 0$,$\dfrac{\partial E\pi}{\partial k}=e_1 e_2\geqslant 0$。

定理 4:在政府数据开放共享过程中,协同效应的提升将有利于提升政府自身数据开放共享努力水平,促进双方加大对政府数据开放共享的努力成本投入,从而获得更多收益。

四、数值分析

上文中研究了政府数据开放共享中的激励因素间的关系,当双方政府数据开放共享相关的因素发生变化时,改变政府系统的总收益,激励方式也将随之发生改变。为了更加明确数据开放共享的利益分配规则,应采用数值模拟的手段进行进一步分析。

(1) 产出系数差对收益分享比例的影响

政府数据开放共享不存在协同效应情境下,当 $t_i<t_j$ 时,政府 i 的最优收益分享比例与其共享努力产出系数成反比;当 $t_i>t_j$ 时,政府 i 的最优收益分享比例与其共享努力产出系数成正比。在参数值 $b_1=b_2=1$ 时,图 5-5 模拟了当 $\lambda=0$ 时最优分享比例与政府部门间的努力产出系数之差之间的变化情况,当 $t_1=t_2$ 时,最优分享比例为$\dfrac{1}{2}$,并随着产出系数差值增大而增大。当 $\lambda=0.3$ 时,双方努力产出相差悬殊时,收益分享比例随之增大而减小。

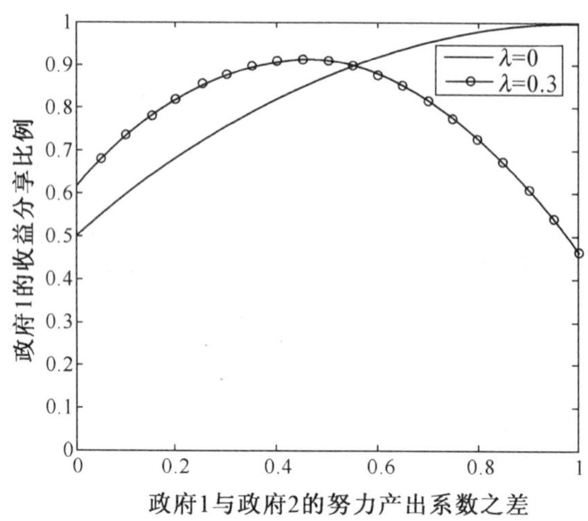

图 5－5　产出系数差对收益分享比例的影响

协同效应存在且政府间努力产出差值过大时，努力产出系数较大的政府能够获得较大比例收益，这不利于激励产出系数较小的政府，势必会导致总收益降低，只有在一定程度上增加对产出系数较小政府的收益，才能使低产出政府加大共享力度，从而实现总收益的增加。

(2) 协同效应对最优努力水平、收益及努力成本系数的影响

在信息资源共享过程中，随着一方政府努力成本系数的增加，要取得等量的产出，需要付出的成本要相对增加，这种附加的成本将使得该方政府降低努力水平。所以，努力成本系数随努力水平的降低而提高。为简便计算，给定两政府间的产出系数为 $t_1=0.4$，$t_2=0.2$，图 5－6、图 5－7 和图 5－8 分别模拟了协同效应函数对总收益、最优努力水平及努力成本系数的变化。

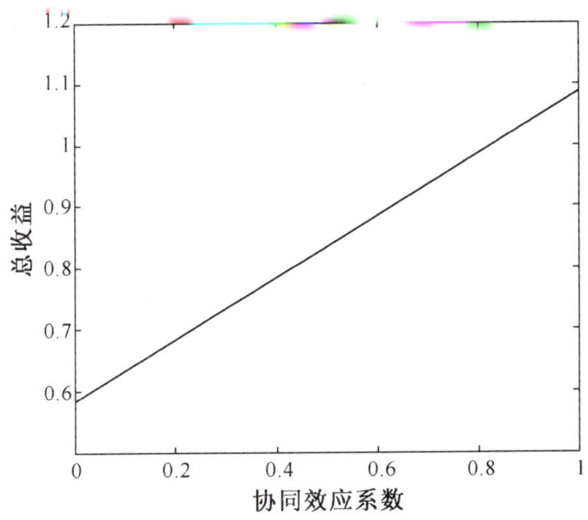

图 5-6　协同效应对总收益的影响

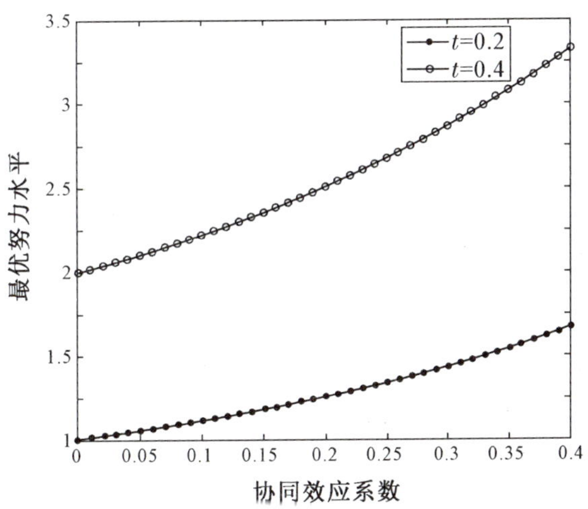

图 5-7　协同效应对最优努力水平的影响

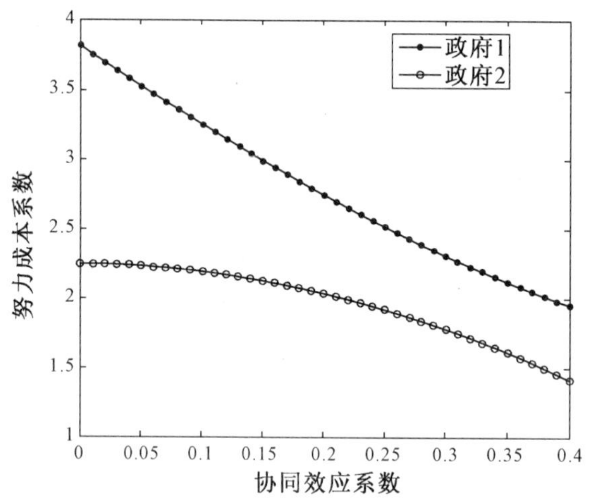

图 5-8　协同效应对努力成本系数的影响

当努力产出系数相差不大时，提高共享效率高的政府的收益分享比例，有利于激励政府提高自身的努力产出系数，实现总收益的增加(见图5-6)，使得协同效应增加，激励政府加大最优努力水平的投入(见图5-7)。协同效应的增加虽有助于提高数据开放共享下两政府的总收益，但并没有很好地规避信息不对称带来的风险，由于总收益的增大，双方政府采取机会主义行为的收益也将增加，促进了政府采取机会主义行为降低努力成本系数(见图5-8)。

研究表明：推进政府数据开放共享的关键，在于政府间的协同效应和资源互补整合能力，选择合适的动力因素促进数据开放共享，对政府数据开放共享体系的完善具有重要的实践意义，主要包括以下几个方面：

第一，不同协同效应下，政府努力产出系数之差影响利益分配。不存在协同效应时，当 $t_i < t_j$ 时，政府 i 的收益分享比例与其共享努力产出系数成反比；当 $t_i > t_j$ 时，政府 i 的最优收益分享比例与其共享努力产出系数成正比。存在协同效应时，若两者产出能力相差极其悬殊时，这表明低产出能力的政府几乎不具备数据开放共享能力，可以通过调节收益共享比例加大其对数据开放共享能力的投入，以此促进总收益的增加。

第二，存在协同效应时，政府收益取决于产出系数差、收益分享比例及协同效应系数。政府能够获得的最优收益分享比例与单边补偿费用无关，与政府自身的共享努力水平 e_i、协同效应 λ 成正比；在努力产出系数差相差不大时，与自身的努力产出系数 t_i 成正比，与对方的努力产出系数成反比。如果政府间的数据开放共享努力产出系数相差甚远或者共享信息的协同整合能力增强，最优收益分享比例需要进行调整，以达到最优激励效果。

协同效应的产生促使政府系统总收益递增，从而促进双方政府加大投入水平，但并没有很好地规避信息不对称带来的风险，因此，政府应重点考虑政府信用高、信息资源互补性强、大数据挖掘和分析能力强的政府作为共享合作伙伴。

总之，在大数据政府数据开放共享过程中，政府应根据双方的共享能力来确定收益分享比例，提高政府间的协同效率，提升总收益，以期充分发挥大数据时代带来的福利，实现多赢格局。同时，可以通过调节补偿费用参与政府的收益平衡。

第三节　本章小结

本章从竞争机制和激励机制两个方面，对信息公开供给者之间的行为动力进行了定性和定量的分析诊断。

在信息公开供给者间行为动力系统的竞争机制讨论方面，通过信息公开下级政府 A 与下级政府 B(均为供给者)的演化博弈模型，研究双方群体博弈的行为规律和均衡策略。研究发现：下级政府 A 与下级政府 B 实行信息公开策略需要满足三个条件：

(1) 考虑采取信息公开策略所消耗成本 $c1$ 的大小，当 $c1<\alpha e+f1$ 时，即下级政府 A 信息公开的成本 $c1$，小于额外收益 αe 与信息不公开的惩罚 $f1$ 的和；此时，下级政府 A 采取信息公开策略的收益 $s1$ 大于平均

收益 $E(s)$，下级政府 A 会考虑采取信息公开策略。

(2) 考虑到下级政府 B 采取信息公开策略的概率。当 $y>(c1-f1)/\alpha e$ 时，下级政府 A 才愿意考虑采取信息公开的策略。因为如果下级政府 B 不实行信息公开，那么下级政府 A 也就没有因信息公开而获得额外收益 αe，并且还会损失因采取信息公开策略消耗的成本 $c1$。

(3) 下级政府 A 的学习和策略调整速度。下级政府 A 只有具备较快的学习和策略调整速度，才能在观测到下级政府 B 信息公开策略的时候，及时、迅速地调整自身策略，使得效益最大化。同理，下级政府 B 实行信息公开策略同样需要满足上述三个条件。

在信息公开供给者间行为动力系统的激励机制讨论方面，基于协同效应视角，定量分析数据背景下下级政府数据开放的协同效应、共享努力成本系数、努力产出系数、努力水平、收益及收益分享比例，以期寻求不同条件的最优收益分配，激励不同政府间实现数据开放共享收益最大化。研究发现：

(1) 当不存在协同效应时，当 $t_i<t_j$ 时，政府 i 的收益分享比例与其共享努力产出系数成反比；当 $t_i>t_j$ 时，政府 i 的最优收益分享比例与其共享努力产出系数成正比。当存在协同效应时，若两者产出能力相差极其悬殊时，可以通过调节收益共享比例加大其对数据开放共享能力的投入，以此促进总收益的增加。

(2) 存在协同效应时，政府收益取决于产出系数差、收益分享比例及协同效应系数。政府能够获得的最优收益分享比例与单边补偿费用无关，与政府自身的共享努力水平 e_i，协同效应 λ 成正比，在努力产出系数差相差不大时，与自身的努力产出系数 t_i 成正比，与对方的努力产出系数成反比。

第六章 微政时代供给者与使用者之间信息公开行为动力系统探究

本章重点讨论以下级政府为代表的信息公开供给者以及以公众为代表的信息公开使用者之间的行为分析与动力系统的构建。鉴于微政时代信息公开行为是利民的公益行为，所以供给者与使用者间不存在竞争。因此，本章仅探究和讨论双方在激励机制下的行为趋势及动力系统。

第一节 公平关切视角下信息公开供给者与使用者间激励行为研究

微政时代信息公开行为主体供给者和使用者会受到自身和对方公平关切度的影响。为此，本节拟从公平关切角度，充分考虑信息公开服务中信息供给者和信息使用者（公众）的公平关切度，引入公平系数对信息公开双方的收益和效用进行分析，以期改善信息公开双方的激励作用和动力系统。

一、问题的提出

微政时代信息公开是开放政府的重要组成部分，也是公众知情权的基本保障。从相关主体行为角度，研究微政时代信息公开逐渐成为热点。崔露方运用演化博弈模型，分析了同级政府间信息公开的行为特征和规律，总结了同级政府间信息公开策略①。相丽玲等指出对于信息公开行政不作为、信息公开失泄密两种行为，应该从信息公开责任追究实践中寻找可适用的法律与法规，并提出在微政时代信息公开责任追究中，必须依据权责对等的原则——权利和责任应统一②。周燕等研究了不同类型信息公开机制下，如何控制搭便车行为。研究发现：第一，利益导向型的信息公开机制会加剧搭便车行为的发生；第二，在约束导向型信息公开条件下会出现自愿惩罚者，具有一定的控制效果；第三，信息公开机制对搭便车行为的控制不具持续性，控制能力有限③。肖卫兵采用理论和实践相结合的研究方法，研究了微政时代信息公开申请权滥用行为的现状和解决措施，建议将申请权滥用情形作为一种程序性不予公开理由予以立法④。杨飞雄针对未公开信息的行为方式和行为内容，明确了利用未公开信息交易行为与相似行为的界限，为准确打击利用未公开信息交易犯罪行为，维护正常有序的证券、期货交易活动提供有力支撑⑤。赵晖等从规范相关审批政策的角度，研究了网络地理信息公开行为的问题，并构建了网络地理信息公开行为审批政策体系⑥。陈萧洁以进化博弈理论为基

① 崔露方、翟利鹏、朱晓峰：《基于演化博弈的同级政府间信息公开研究》，《情报理论与实践》2016 年第 39 期：56—60。

② 相丽玲、李文龙：《我国政府信息公开中的违法不当行为及其问责机制》，《情报理论与实践》2015 年第 38 期：27—30。

③ 周燕、张麒麟、付丽娜、杨一字、孙桂英：《信息公开机制控制搭便车行为的效果——实验证据》，《管理科学学报》2014 年第 17 期：86—94。

④ 肖卫兵：《论政府信息公开申请权滥用行为规制》，《当代法学》2015 年第 5 期：14—22。

⑤ 杨飞雄：《论刑法中的利用未公开信息交易行为》，博士学位论文，湘潭大学，2014。

⑥ 赵晖、钟裕民：《网络地理信息公开行为审批政策探究》，《江苏行政学院学报》2015 年第 3 期：112—116。

础，利用复制动态方程模型，分析了不同市场结构中企业环境信息公开行为的演化过程，以及政府对企业环境信息监管的演化过程，并进一步探讨了环境信息管理制度对上述两种演化过程可能产生的影响①。已有研究，都是从单一主体角度（政府角度或公众角度）探讨微政时代信息公开行为，较少考虑主体的需要、动机、兴趣等主观心理，也没有将政府和公众作为一个整体，从收益的角度研究信息公开行为。

正如本书第三章公平关切的界定所言，人们不仅在意自身的利益，同时也在意他人的利益，即具有公平关切偏好。所以，微政时代信息公开行为主体——政府和公众，必然受到自身和对方公平关切度的影响。为此，本节拟从公平关切角度，充分考虑信息公开服务中信息供给者（政府）、信息使用者（公众）的公平关切度，引入公平系数对信息公开双方的收益和效用进行分析，以期改善信息公开双方的行为。

二、信息公开供给者与使用者间激励模型的构建与分析

在微政时代信息公开服务中，有两类主体：一类是信息供给者 A（以政府为主），另一类是信息使用者 B（以公众为主）。它们彼此之间为非合作关系，且都处于理性状态。模型构建中出现的符号，如表 6－1 所示：

表 6－1　符号说明

符号	符号说明	符号	符号说明	符号	符号说明
p	信息使用者 B 获取信息后产生的收益	$\Phi(x)$	信息使用者 B 的需求累积分布函数	q	信息使用者 B 获取信息供给者 A 发布信息的数量
w	信息供给者 A 向使用者 B 发布信息所获取的收益	$\varphi(x)$	信息使用者 B 的需求密度函数	c	信息供给者 A 捕获信息的成本

① 陈萧洁：《企业环境信息公开行为的进化博弈分析》，博士学位论文，暨南大学，2010。

（续表）

符号	符号说明	符号	符号说明	符号	符号说明
x	使用者 B 获取信息所付出的成本	π_r	信息使用者 B 获得信息后的净收益函数	π_r^0	独立型信息公开中信息使用者 B 的净收益函数
π_r^1	一体化信息公开中信息使用者 B 的净收益函数	π_r^2	基于公平系数的一体化信息公开中信息使用者 B 的净收益函数	π_s	信息供给者 A 提供信息后的净收益函数
π_s^0	独立型信息公开中信息供给者 A 的净收益函数	π_s^1	一体化信息公开中信息供给者 A 的净收益函数	π_s^2	基于公平系数的一体化信息公开中信息供给者 A 的净收益函数

参考文献《随机产出下两级供应链供需双方的博弈》①，设定 $\Phi(q)$ 在 $(0,2)$ 上均匀分布，也就是 $\Phi(q)=\frac{q}{2}$，那么，$\varphi(q)=\frac{1}{2}$，$0\leqslant q\leqslant 2$。

信息使用者 B 产生的净收益为：

$$\pi_r(w,q)=-xq+p\{[1-\Phi(q)]q+\int_0^q x\varphi(x)\mathrm{d}x\} \tag{1}$$

信息供给者 A 获得的净收益为：

$$\pi_s(w,q)=q(w-c) \tag{2}$$

A 和 B 的整体净利益为

$$\pi=\pi_r(w,q)+\pi_s(w,q)=pq-\Phi(q)pq+p\int_0^q x\varphi(x)\mathrm{d}x+wq-cq-xq \tag{3}$$

（一）独立型信息公开行为收益分析

独立型信息公开行为中，信息供给者 A 与信息使用者 B 各自独立，分别决策。首先，信息供给者 A 发布信息，那么，A 的收益为 w，成本为

① 朱琳、王圣东：《随机产出下两级供应链供需双方的博弈》，《系统管理学报》2012 年第 20 期：734—738。

c。接着，信息使用者 B 根据自身需求，选择了 q 条信息，成本为 x，收益为 p。其中，$c<w$，$x<p$。

对于信息使用者 B 获取的数量 q 而言，B 的收益 $\pi_r(q)$ 在(0,2)上是严格的凹函数；同时，信息数量 q 在 0 或者 2 上不可能是最优值(即信息使用者 B 的需求数量应该恰当，不能太多，也不能太少)。因此，$\frac{d\pi_r(q)}{dq}=0$可得信息使用者 B 最优的信息数量为：

$$q_0=\frac{2(p-x)}{p} \tag{4}$$

若 $x=p$，即当使用者 B 获取信息所付出的成本与使用者 B 获取信息所付出的收益相等时，供给者 A 的净收益最大。将式(4)代入(1)(2)(3)，解得在最优信息数量 q_0 下信息使用者 B 的净收益为：

$$\pi_r^0(q_0)=\frac{(p-x)^2}{p} \tag{5}$$

同理，信息供给者 A 的净收益为：

$$\pi_s^0(q_0)=\frac{2(p-x)(w-c)}{p} \tag{6}$$

A 和 B 的总收益为：

$$\pi^0=\pi_r^0(q_0)+\pi_s^0(q_0)=\frac{(p-x)[p-x+2(w-c)]}{p} \tag{7}$$

(二) 一体化信息公开行为收益分析

一体化信息公开，并不是要求信息供给者 A 和使用者 B 之间的合并。一体化信息公开，是指由于信息供给者和使用者都是独立的组织实体，通过集中决策，逐渐形成微政时代信息公开的有机整体。所以，信息供给者 A 和信息使用者 B 在关注整体收益的同时，依旧关心自己的收益，也希望自己的收益能够最大化。

在一体化信息公开行为中，使用者 B 从供给者 A 处获得的信息数量 q，由 A 和 B 一起决定。如前所述，对于信息数量 q 而言，A 和 B 的总收益($\pi_r^1+\pi_s^1$)在(0,2)上也是凹函数,而且在 0 或者 2 上不可能是最优,因此,当 A 和 B 总收益的一阶导数为零的时候,就能得到 A 和 B 总收益最大化的最优信息数量 q_1。

当$\frac{\mathrm{d}(\pi_r^1+\pi_s^1)}{\mathrm{d}q}=0$,即

$$p-\frac{1}{2}pq-\Phi(q)p+pq\varphi(q)+w-c-x=(p+w)-(x+c)-\frac{1}{2}pq=0$$

可得

$$q=\frac{2[(p+w)-(x+c)]}{p} \tag{8}$$

即当$q=q_1=\frac{2[(p+w)-(x+c)]}{p}$时,A 和 B 总收益($\pi_r^1+\pi_s^1$)最大。此时,信息使用者 B 的收益为

$$\begin{aligned}\pi_r^1(w_1,q_1) &=-xq_1+p\left\{[1-\Phi(q_1)]q_1+\int_0^{q_1}x\varphi(x)\mathrm{d}x\right\}\\ &=-xq+pq-\frac{p}{2}q^2+\frac{p}{4}q^2 \\ &=\left[p-x-\frac{(p+w)-(x+c)}{2}\right]\frac{2(p+w)-(x+c)}{p}\end{aligned} \tag{9}$$

信息供给者 A 的收益为

$$\pi_s^1(w_1,q_1)=q_1(w-c)=\frac{2[(p+w)-(x+c)](w-c)}{p} \tag{10}$$

A 和 B 总收益为

$$\begin{aligned}\pi^1 &=\pi_r^1(w_1,q_1)+\pi_s^1(w_1,q_1)\\ &=\frac{2(p+w)-(x+c)}{p}\left[p-x+w-c-\frac{(p+w)-(x+c)}{2}\right]\end{aligned} \tag{11}$$

显然,$\pi_r^1(w_1,q_1)$与$\pi_s^1(w_1,q_1)$都是一阶线性函数,并且随着 A 的收益——w 的上升,$\pi_s^1(w_1,q_1)$匀速上升,$\pi_r^1(w_1,q_1)$匀速下降。

命题 1:只要满足 $w>c$,即信息供给者 A 向信息使用者 B 发布信息

所获取的收益，大于 A 获得信息时产生的成本，那么，基于一体化信息公开，可以使信息供给者 A 的收益、A 和 B 的总收益升高，但信息使用者 B 的收益会降低。

证明：当 $w>c$ 时，信息供给者 A 的收益根据(6)式与(10)式，可以得到：

$$\pi_s^1(w_1,q_1)-\pi_s^1(w_0,q_0)=\frac{2(p-x+w-c)(w-c)}{p}-\frac{2(p-x)(w-c)}{p}$$

$$=\frac{2(w-c)^2}{p}>0$$

A 和 B 的总收益根据(7)式与(11)式，可以得到：

$$\frac{2(p+w)-(x+c)}{p}\left[p-x+w-c-\frac{(p+w)-(x+c)}{2}\right]-$$

$$\frac{(p-x)[p-x+2(w-c)]}{p}>0$$

信息使用者 B 的收益(5)式与(9)式，可以得到：

$$\pi_r^1(w_1,q_1)-\pi_r^1(w_0,q_0)=-\frac{(w-c)(p-x+w-c)}{p}-\frac{(p-x)^2}{p}<0$$

因此，不论 p,x,w 关系如何，只要满足 $w>c$，则一体化信息公开必然使信息供给者 A 的收益、A 和 B 的总收益升高，信息使用者 B 的收益降低。**证毕。**

综上所述，在一体化信息公开中，由于信息使用者 B 和供给者 A 将自身目标从简单只关注各自收益，转移到关注 A 和 B 的总收益，促使微政时代信息公开数量 q 达到了系统最优。与独立型信息公开相比，由于消除了“双边际化效应”①，A 和 B 的总收益升高，信息供给者 A 的收益也升高，但遗憾的是同时信息使用者 B 的收益出现降低。也就是说，在一体化信息公开中，通过牺牲信息使用者 B 收益，实现了 A 和 B 总收益

① 冯韬、朱晓峰：《基于公平系数的一体化供应链协调与优化》，《南京工业大学学报(社会科学版)》2015 年第 12 期：99—105。

的提高，这明显有悖公平原则，也使得信息使用者 B 丧失开展一体化信息公开的主动性。因此，需要进一步优化一体化信息公开。

（三）公平关切视角下的一体化信息公开行为优化

为了进一步优化一体化信息公开，在李建斌①效用函数的基础上引入公平系数，加入了心理因素的影响，可得信息使用者 B 与供给者 A 的效用函数分别为：

$$U_r=\pi_r-\alpha_r[\max(\pi_s-\pi_r,0)]-\beta_r[\max(\pi_r-\pi_s,0)] \tag{12}$$

$$U_s=\pi_s-\alpha_s[\max(\pi_r-\pi_s,0)]-\beta_s[\max(\pi_s-\pi_r,0)] \tag{13}$$

其中 U_r 与 U_s 分别是公平关切视角下一体化信息公开中信息使用者 B 与供给者 A 各自的效用，用来表示微政时代信息公开中，A 和 B 的满足程度；α 表示讨厌对方收益比自己收益高，衡量由于对自己不利的不平等而造成的效用损失程度，β 表示讨厌自己收益比对方收益高，衡量由于对自己有利的不平等而造成的效用损失程度；α_r 与 β_r 是信息使用者 B 的公平系数，α_s 与 β_s 是信息供给者 A 的公平系数。已有研究表明，一般情况下，个人或者组织不会讨厌自己收入比对方高②③。所以，β_r 与 β_s 的数值往往很小。

因为信息供给者 A 和使用者 B 的收益并不一致，会对一体化信息公开中双方的心里预期形成参考。所以，基于公平系数的一体化信息公开行为优化，不但要衡量 A 和 B 收益的绝对值，同时还要思量他们收益的提高率。此时，关于一体化信息公开中出现的问题，可以通过转移收益的

---

① 李建斌、刘凤、雷东：《基于公平参数的供应链柔性合同优化策略》，《系统工程理论与实践》2013 年第 33 期：1791—1800。

② 李媛、赵道致：《考虑公平偏好的低碳化供应链两部定价契约协调》，《管理评论》2014 年第 26 期：159—167。

③ Fehr E, "A theory of fairness, competition, and cooperation," *Quarterly Journal of Economics* 114, No. 5 (1999): 817—868。

方法进行平衡，使 A 和 B 的收益都有所提高。

命题 2　一体化信息公开中，当转移收益 $t_1=\frac{[p+w-(x+c)][2(w-c)+x-p]}{2p}$ 时，A 和 B 的收益和效用都相等 $\pi_s^2=\pi_r^2=U_s^2=U_r^2=\frac{[p+w-(x+c)][p+2w-(2x+c)]}{2p}$，即 A 和 B 对目前各自状态的满意程度相等；当转移收益 $t_2=\frac{2[p+w-(x+c)](2x-2p-w-c)(w-c)}{p[p-x+2(w-c)]}$ 时，A 和 B 净收益的增幅相等，即 $\frac{\pi_s^2}{\pi_s^0}=\frac{\pi_r^2}{\pi_r^0}$。

证明：根据(12)、(13)式，若 $\pi_s^2=\pi_r^2$，信息供给者 A 的效用 U_s 最大。又由于一体化时 A 和 B 总收益为 $\frac{[p+w-(x+c)][p+2w-(2x+c)]}{p}$，所以

$$\pi_s^2=\pi_r^2 \tag{14}$$

$$\pi_s^2+\pi_r^2=\frac{[p+w-(x+c)][p+2w-(2x+c)]}{p} \tag{15}$$

由(14)、(15)式可得 $\pi_s^2=\pi_r^2=\frac{[p+w-(x+c)][p+2w-(2x+c)]}{2p}$。如果，信息供给者 A 的收益 π_s 比使用者 B 的收益 π_r 大，信息供给者 A 通过转移自己的收益给使用者 B 来提高效用，因此

$$\begin{aligned}\pi_s^1(w_1,q_1)-t_1&=\pi_r^1(w_1,q_1)+t_1\\&=\frac{[p+w-(x+c)][p+2w-(2x+c)]}{2p},\end{aligned}$$

即

$$\begin{aligned}\frac{2[(p+w)-(x+c)](w-c)}{p}-t_1&=\left[p-x-\frac{(p+w)-(x+c)}{2}\right]\frac{2(p+w)-(x+c)}{p}+t_1\\&=\frac{[p+w-(x+c)][p+2w-(2x+c)]}{2p}\end{aligned}$$

可得：
$$t_1=\frac{[p+w-(x+c)][2(w-c)+x-p]}{2p} \tag{16}$$

当信息供给者 A 的收益 π_s 小于使用者 B 的收益 π_r 时，同理可得。

由(12)(13)式可知，此时信息使用者 B 和供给者 A 的效用也相等，数值等于收益，即

$\pi_s^2=\pi_r^2=U_s^2=U_r^2=\frac{[p+w-(x+c)][p+2w-(2x+c)]}{2p}$，此时 A 和 B 对自己状态的满意程度相同。此时，如果$\frac{\pi_s^2}{\pi_s^0}=\frac{\pi_r^2}{\pi_r^0}$，那么

$$\frac{\frac{2[(p+w)-(x+c)](w-c)}{p}-t_2}{\frac{2(p-x)(w-c)}{p}}=\frac{[p-x-\frac{(p+w)-(x+c)}{2}]\frac{2(p+w)-(x+c)}{p}+t_2}{\frac{(p-x)^2}{p}}$$

从而算得

$$t_2=\frac{2[p+w-(x+c)](2x-2p-w-c)(w-c)}{p[p-x+2(w-c)]} \tag{17}$$

证毕。

通过命题 2 不难发现，收益转移可以均衡和提高信息供给者 A 和使用者 B 的收益。并且，可以从两个方面进行收益的转移，以此优化现有的微政时代信息公开——在传统意义的公平方面，通过转移收益确保了 A 和 B 双方收益的绝对相等。但是，由于没有考虑到双方心理感受，所谓的公平也只是相对而言的公平。进一步，在考虑双方心理感受公平的前提下，基于效用函数的转移收益，使得 A 和 B 的心理满足程度相同，收益分配更加公平。

三、算例分析

（一）初始参数设置

本书设定 q 在(0,2)的均匀分布，并以人民网舆情监测室发布 2015

年第4期“全国政务微信影响力排行周榜”为依据①，以榜单中影响力排名前十位的政务微信为例，将涉及的数据进行缩小倍数取均值处理，作为相应数据的数值参考。具体而言，将上述报告中排名前十政务微博的“新榜指数”进行处理，作为 p 数值的参考，最终取值为 3.1；通过询函的方式，调查了排名前十位政务微博的建设成本，将数值进行处理，得到建设成本，并结合榜单中的“发布量”，经过数值的转化，作为信息供给者 A 成本数值 c 的参考，最终取值 1.004；将榜单中的“总阅读数”和“总点赞数”，进行缩小倍数后加总处理，作为信息使用者 B 成本数值 x 的参考，最终取值为 1.327。

（二）计算结果与分析

根据公式(4)～(11)，(16)～(17)式可以得出表 6-2。

表 6-2　各种类型微政时代信息公开的收益与效用计算

类型 / 收益与效用	独立型信息公开				一体化信息公开				基于公平系数的一体化信息公开	
供给者 A 的收益 w	1.4	1.6	1.8	2.0	1.4	1.6	1.8	2.0	2.0	2.0
信息数量 q	1.144	1.144	1.144	1.144	1.399	1.528	1.657	1.786	1.786	1.786
使用者 B 的净收益 π_r	1.014	1.014	1.014	**1.014**	0.963	0.899	0.810	**0.694**	**1.237**	**1.165**
供给者 A 的净收益 π_s	0.453	0.682	0.911	***1.139***	0.554	0.911	1.319	**1.779**	**1.237**	**1.308**
A 和 B 总净收益 π	1.467	1.696	1.925	**2.153**	1.518	1.810	2.129	***2.473***	**2.473**	**2.473**
转移收益 t									0.543	0.471
π_r^2/π_r^0									121.95%	114.84%
π_s^2/π_s^0									108.55%	114.84%

① 人民网舆情监测室:《全国政务微信影响力排行周榜(2015 年第 4 期)，http://news.163.com/15/0126/15/AGT77IAD00014JB6.html，访问日期：2016 年 7 月 2 日。

由表 6-2 可以看出：

第一，在独立型信息公开中，当信息供给者 A 获取的收益 $w=2.0$ 时，A 的净收益 π_s 最大(1.139)，此时 A 和 B 的总净收益(2.153)也是最大；但是，与一体化信息公开相比可以看出，独立型信息公开中 A 和 B 的总净收益(2.153)，低于一体化信息公开中 A 和 B 的总净收益(2.473)。因此，一体化信息公开优于独立型信息公开。

第二，在一体化信息公开中，由于集中决策，A 和 B 的总净收益均大于独立型信息公开中 A 和 B 的总净收益，并且随着 w 的增大，一体化信息公开的总净收益也逐渐增大。当 $w=2.0$ 时，B 的净收益 $\pi_r=0.694$，A 的净收益 $\pi_s=1.779$，显然分配不均，影响 B 参与一体化信息公开的积极性。因此，一体化信息公开必须进行优化。

第三，基于公平系数的一体化信息公开，引入效用函数，考虑双方心理感受，采用收益转移的方式优化一体化信息公开。在一体化最优情况 $w=2.0$ 的情形下进行优中取优，计算得转移收益 $t=0.543$ 时，A 与 B 的净收益相同均为 1.237，与独立型信息公开相比，1.237>1.014，1.237>1.139，即 A 和 B 的净收益相对于独立型信息公开而言，都有提高，净收益增幅分别为 121.95%和 108.55%，符合传统意义的公平，即双方收益相等。另外，计算得转移收益 $t=0.471$ 时，A 与 B 净收益的增幅相同，均为 114.84%；与独立型信息公开相比，1.165>1.014，1.308>1.139，即 A 和 B 的净收益与独立型信息公开时相比，也都有所提高，符合 A 和 B 心理感受的公平，即双方收益增幅相等。

第四，无论是传统的独立型信息公开，还是一体化信息公开和基于公平系数的一体化信息公开，最优情况下供给者 A 的净收益总是不小于使用者 B 的净收益。

通过引入公平关切效用函数，对微政时代信息公开进行更加符合行为效用理论的研究，可以发现：

(1) 微政时代的信息公开一体化，有助于参与各方整体净收益的提高。但是，信息使用者 B 的净收益却有所下降，有悖公平原则，导致微政时代信息公开一体化不能真正开展和顺利实施。

（2）基于公平系数的一体化信息公开，引入效用函数，考虑 A 和 B 双方心理感受，采用转移收益的方式优化一体化信息公开，并提高双方的净收益；无论是传统意义的公平（双方收益绝对相等），还是考虑心理感受的公平（双方心理满足程度相等），优化后的微政时代信息公开，可以有效提高参与者自身的净收益和参与各方的整体净收益。

第二节　公平关切视角下信息公开供给者与使用者间激励收益研究

一、问题的提出

众所周知，微政时代信息公开，给政府和公众带来了众多收益。国内外关于微政时代信息公开收益方面的研究，主要包括：Chien-Wen 等学者关注到社交网络在灾害中作为信息来源的作用越来越重要，所以其对以 Facebook、Twitter 为主的社交媒体中的信息有效性进行了研究，以探究微政时代信息公开的收益评价指标[①]。房海灵等认为我国各级党政机关已通过开通政务微博、微信公众平台来加强应急管理、舆论引导和公益服务等活动，所以在媒体融合不断加快的今天，利用新媒体办好“微政务”成为当前做好群众工作所必须面对的问题。随着官方认证的政务微博、微信日益增多，覆盖面逐渐扩大，人民群众对“微政务”的服务水平也有较高的期待。因此，通过探究公众与政府的沟通方式，可以增强政府对公众服务的主动

① Chu and Chien-Wen Shih-Hsuan, “Web 2.0 and Social Networking Services in Municipal Emergency Management: A Study of US Cities,” *Journal of universal computer science* 20, No. 5(2014): 1995—2004.

性，有助于微政务建设①。姜笑君等认为实施信息公开取得的收益体现在：革新政府执政方式、提高执政效率、引导社会舆论、树立政府形象等方面，并以辽宁政务微博和政务微信发展现状为例，通过大量数据分析指出“微政务”运行中存在的主要问题，提出通过激发“休眠”微博复苏、促进“微政务”在部门与地区间平衡发展、重视政务微博信息交流功能、充分发挥政务微博与政务微信各自优势等提升“微政务”运行水平的建议②。

这些研究，没有将政府和公众作为一个整体，从系统的角度研究微政时代信息公开的收益；也没有从政府和公众合作共赢的角度研究如何激励微政时代信息公开。因此，需要摒弃传统的被动控制或命令等激励方式，采用收益共享方式，立足于微政时代信息公开中政府和公众的共同努力，整合由于政府和公众互相合作而增加的双方整体收益，使双方整体利益最优化。

将收益共享引入微政时代信息公开，必须重视政府和公众的公平关切。传统研究中决策者完全理性，即决策者总以利益最大化作为决策准则，而行为研究发现，在现实生活中人们往往对公平表现出极大关注，即公平关切。在公平关切行为倾向作用下，人们可能会在感到不公平时以己方利益受损为代价采取行动达到惩罚对方的目的。公平关切与传统效用理论不相容，因为它违背了理性人假设，而许多实验或实验研究均证实了这种行为倾向的存在③。所以，微政时代信息公开中的政府和公众，在共享收益的同时，必然受到自身和对方公平关切度的影响。

基于以上分析，本书将基于收益共享契约模型，从公平关切视角出发，分析微政时代信息公开中的各个主体（政府与公众）的公平关切度，对

---

① 房海灵、贾程秀男：《发挥“微政务”优势，创新新媒体时代群众工作方法》，《理论观察》2015 年第 2 期：107—108。

② 姜笑君、刘玉潭：《微政务发展现状分析》，《辽宁工业大学学报》2015 年第 17 期：7—11。

③ Rabin Charness, “Understanding social preference with simple test,” *Quarterly Journal of Economics* 91, No. 3(2002): 151—172.

信息公开中增加的系统收益、主体的收益共享系数、信息公开比例以及主体互相的、各自的收益的影响，旨在为微政时代信息公开服务的供给者（政府）和使用者（公众）选择合理的公平关切程度以实现双方收益最大化的策略提供理论依据。

二、信息公开供给者与使用者收益优化模型

（一）收益共享契约

常见的收益共享契约基本是应用在供应链研究领域，主要是指零售商以较低的批发价获得产品，但是在销售期末，零售商要提供给供应商自己收益的一部分，因为供应商在批发商品给零售商时受到了经济损失，零售商要给予一定的经济补偿。目前，国内外关于收益共享契约引用的经典案例是：Blockbuster 录音带租赁公司①。1998 年 Blockbuster 录音带租赁公司同意支付自己一部分的收益给自己的供应商，以实现在租赁录音带的时候每张碟片的进价从 65 美元降到 8 美元。在新的方案实施下，Blockbuster 公司不但增加了碟片的进货量，同时还提高了顾客的服务水平，市场占有率也从 24%上升到 40%②。

本书将收益共享契约在供应链领域的成功经验应用到微政时代信息公开研究领域中，在这里，收益共享契约是指政府与公众对微政时代信息公开服务中新增的系统收益进行分割，不断平衡自身收益与对方收益，不断优化系统整体收益，实现政府与公众的“双赢”③。如图 6－1 所示，随

① 裴发红、黄花叶、李文锋：《基于收益共享契约的玉米供应链协调研究》，《武汉理工大学学报（信息与管理工程版）》2018 年第 40 期：419—423。

② Sharipor E, “Blockbuster's return is on fast forward, says CEO with big plans for rentals,” *Wall Street Journal* 4(1998):7—8.

③ 代建生、孟卫东：《风险规避下具有促销效应的收益共享契约》，《管理科学学报》2014 年第 17 期：25—34。

着微政时代信息公开的深入，信息公开比例的变动，政府和公众的整体收益随之增加。增加的系统收益，不仅包括政府实施信息公开服务产生的收益，如政府公信力的提升、数字鸿沟的消除等；也包括公众使用公开信息产生的收益，如自身知情权的改善，自身权益的保障等。

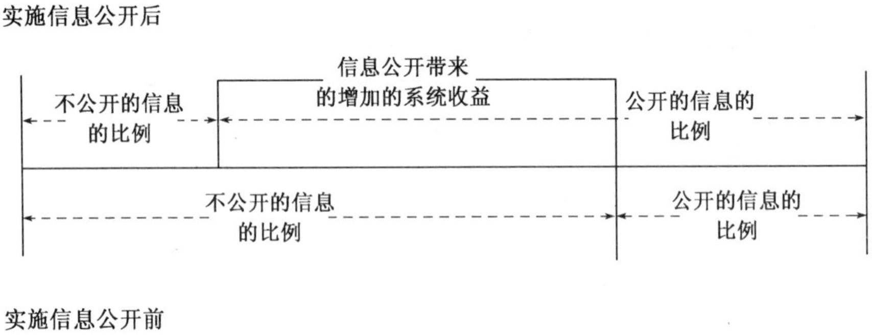

实施信息公开后

不公开的信息的比例	信息公开带来的增加的系统收益	公开的信息的比例
不公开的信息的比例		公开的信息的比例

实施信息公开前

图 6-1　微政时代信息公开前后信息比例对比关系图

在对微政时代信息公开收益进行分析前，首先对分析中出现的符号进行说明，如表 6-3 所示：

表 6-3　符号说明

符号	具体描述	符号	具体描述
λ_1	信息公开比例	p	信息公开服务的单位比例收益
λ_2	实施前的信息公开比例	c_0	政府在实施信息公开服务时付出的成本
θ	收益共享契约的政府收益共享系数	c_c	公众在使用信息公开服务时付出的成本
$1-\theta$	收益共享契约的公众收益共享系数	φ_0	政府的公平关切程度
π_t	实施信息公开服务后增加的系统收益	φ_c	公众的公平关切程度
π_0	政府在增加的系统收益中分得的收益	$U_0(\pi_0)$	政府的公平效用函数
π_c	公众在增加的系统收益中分得的收益	$U_c(\pi_c)$	公众的公平效用函数

政府与公众之间的收益共享契约模型，主要包括两个主要的参数(λ_1,θ)。其中，θ为政府收益在π_t中所占的比例，$(1-\theta)$是公众收益在π_t中所占的比例；由于微政时代信息公开服务的推行，必然是$\lambda_1>\lambda_2$。因此，由于信息公开新增的系统收益如式(1)所示：

$$\pi_t=p(\lambda_1-\lambda_2) \tag{1}$$

政府与公众因信息公开服务而获得的收益π_0、π_c分别如式(2)、式(3)所示

$$\pi_0=\theta\pi_t-c_0 \tag{2}$$

$$\pi_c=(1-\theta)\pi_t-c_c \tag{3}$$

(二) 政府成本分析

在实施信息公开服务的过程中，政府作为服务的供给者，必然会承担一系列的成本，主要包括：建设成本、维护成本、风险成本和运营成本。

第一，建设成本α。建设成本主要包括实施信息公开服务的人员的工资、培训费用、必要设备与固定资产投资。

第二，维护成本β(以政务微博为例)。微政时代信息公开服务中的维护成本，可以通过政务微博的发文被转发、被评论、被赞的数量为指标进行衡量。因为，发布的政务微博被转发、被评论、被赞的数量越多，则越需要投入更多维护成本。

第三，风险成本γ(以政务微博为例)。对微政时代信息公开服务的关注度越高，即关注的人数越多，公众给政府带来的压力越大，政府面临的风险也越大。所以，信息公开服务中的风险成本，与该服务的关注度紧密相关，具体而言，可以通过政务微博中的主动评论数、私信数、私信人数进行衡量。

第四，运营成本δ(以政务微博为例)。微政时代信息公开服务的运营成本，可以通过微博的发布数量、微博中的信息类型、微博中的图文比、微博是否原创来衡量。

所以，政府在实施信息公开服务时付出的成本 c_0 可以通过上述的建设成本、维护成本、风险成本、运营成本之和来进行简单计量。同时，由于 c_0 与 λ_1 呈现非严格的正相关关系，其变动的关系大体是一个边际递减的规律，所以，政府在实施信息公开服务时付出的成本 c_0 也可以由公式(4)所示。

$$c_0=\ln\lambda_1 \tag{4}$$

由(1)、(2)和(4)式可得出政府实施信息公开增加的收益 π_0 如式(5)所示：

$$\pi_0=\theta\cdot p(\lambda_1-\lambda_2)-(\ln\lambda_1-\ln\lambda_2) \tag{5}$$

$\frac{d\pi_0}{d\lambda_1}=\theta\cdot p-\frac{1}{\lambda_1}$，对应任何一个收益共享系数 θ，都存在一个最为合适的 λ_1 与其对应，所以微政时代信息公开存在一个最优的信息公开比例：$\lambda_1=\frac{1}{\theta\cdot p}$。

（三）公众成本分析

公众在使用信息公开服务时付出的成本 c_c，主要包括：参与成本与时间成本。

第一，参与成本 m。对于公众来说，使用信息公开服务必然涉及自身的参与成本，参与成本可以通过公众对政务微博信息浏览的数量、回复的数量进行衡量。

第二，时间成本 h。公众采用信息公开服务时付出的成本，除了上述的参与成本，还涉及公众的时间成本。公众的时间成本可以通过总阅读数和总关注人数来衡量。

（四）公平关切模型

已有研究，一般在公平关切模型的效用函数中使用利润差等形式刻画主体的公平关切心理①。由此，政府与公众的公平关切效用函数就可以分别表示为式(6)、式(7)。

$$U_0(\pi_0)=\pi_0-\varphi_0(\pi_c-\pi_0) \tag{6}$$

$$U_c(\pi_c)=\pi_c-\varphi_c(\pi_0-\pi_c) \tag{7}$$

公平关切系数越大，表明该主体越关心自身收益的公平②。在提供或使用信息公开服务时，政府与公众不仅仅关注自身收益的多少，并且更加关注收益分配的公平性，只有满足了双方的公平关切的心理，微政时代信息公开服务才能良性循环运行下去，政府与公众才能共同从信息公开服务中受益。在这种情况下，收益共享系数 θ 的可行阈值必须满足 $U_0(\pi_0)>0$、$U_c(\pi_c)>0$ 这两个约束条件，该约束条件下，收益共享系数 θ 的可行域如式(8)所示。

$$\frac{c_0+\varphi_0(\pi_t+c_0-c_c)}{(1+2\varphi_0)\pi_t}<\theta<\frac{(1+\varphi_c)(\pi_t-c_c)-\varphi_c c_0}{(1+2\varphi_c)\pi_t} \tag{8}$$

此外，由于政府和公众是可以从信息公开服务获得收益的，即 $\pi_0>0$、$\pi_c>0$，所以，还需要满足 $\frac{c_0}{\pi_t}<\theta<1-\frac{c_c}{\pi_t}$。

综上，收益共享系数的可行域为：$\theta_{min}<\theta<\theta_{max}$，其中，

$$\theta_{min}=\max\left\{\frac{c_0}{\pi_t},\frac{c_0+\varphi_0(\pi_t+c_0-c_c)}{(1+2\varphi_0)\pi_t}\right\} \tag{9}$$

$$\theta_{max}=\min\left\{1-\frac{c_c}{\pi_t},\frac{(1+\varphi_c)(\pi_t-c_c)-\varphi_c c_0}{(1+2\varphi_c)\pi_t}\right\} \tag{10}$$

三、实验情形设计与初始参数设置

本书共设计了三种实验情形：情形一，政府和公众都具有公平关切且

① Loch C H and Wu Y Z, "Social preferences and supply chain performance: An experimental study," *Management Science* 54, No. 11(2008): 1835—1849.

② 施建刚、林陵娜：《项目型组织成员横向公平偏好下的知识共享双向激励》，《系统工程》2014 年第 32 期：37—43。

公平关切程度相同；情形二，只有政府具有公平关切；情形三，只有公众具有公平关切。

实验模型中基本参数的初始值设置如表 6－4 所示。本书以“2015 年人民日报政务指数微博影响力报告[①]”为依据，以 2015 年微博影响力排名前十位的政务微博为例，将涉及的数据进行缩小倍数取均值处理，作为相应数据的数值参考。在单位比例增加的系统收益 p 方面，将上述报告中排名前十政务微博的“总分”进行处理，作为 p 数值的参考；在建设成本 α 方面，通过询函的方式，调查了排名前十位政务微博的建设成本，将数值进行处理，得出最终的建设成本仿真数值；在风险成本 γ 方面，将该报告中的服务力指标数值进行处理，作为信息公开的风险成本数值参考；在维护成本 β 方面，将该报告中的互动力指标数值进行处理，作为政府实施信息公开的维护成本数值参考；在运营成本 δ 方面，本书实际查看了微博影响力排名前十位政务微博的发文数量，经过数值的转化，作为此次实验的参考值；在公众的参与成本 m 方面，将排名前十位政务微博 2015 年发布信息的回复数量总和与转发数量总和，将数值进行处理，作为公众采取信息公开的参与成本数值参考；在公众的时间成本 h 方面，将排名前十位政务微博 2015 年发布信息的总阅读量除以总人数，把得到的结果进行处理，作为公众采取信息公开的时间成本数值参考；查阅有关资料[②]，考虑我国微政时代信息公开的实际现状，将 λ_2 取值为 30％。

① 人民日报：《2015 年政务指数微博影响力报告》2016 年第 1 期，http://vdisk.weibo.com/s/q0w1lmSsJ4k9T，访问日期：2016 年 6 月 24 日。

② 胡小明：《从政府信息公开到政府数据开放》，《电子政务》2015 年第 1 期：67—72。

表 6-4　实验参数设置

实验参数数值		实验参数数值	
系统收益增量 p	3.27	运营成本 δ	1.89
建设成本 α	3.30	参与成本 m	2.75
风险成本 γ	2.35	时间成本 h	2.12
维护成本 β	2.50	信息公开比例 λ_2	30%

四、实验结果分析

(一) 公平关切程度对收益共享系数可行域的影响

随着主体公平关切程度的变化，收益共享系数 θ 可行的范围$\{\theta_{min}$，$\theta_{max}\}$如图 6-2 所示。竖线表示在给定的公平关切程度下，收益共享系数 θ 的变化范围。从图 6-2 中可以看出，在三种实验情形下，无论主体的公平关切程度如何变化，收益共享系数 θ 的可行域都是存在的。而且，收益共享系数 θ 的可行域随着双方(情形一)或者单方(情形二、情形三)的公平关切程度的升高而变小。另外，情形二显示政府公平关切程度的升高会使收益共享系数 θ 的阈值区间下限上升；情形三显示公众公平关切程度的升高会使收益共享系数 θ 的阈值区间上限下降。

主体的公平效用，不仅受到自身公平关切程度的影响，也受到自身收益与其他主体收益之差的影响。当收益共享系数 θ 较大时，公众获得的收益 π_c 低于政府获得的收益 π_0，公众就会在公平关切心理下产生嫉妒心理。

随着公众公平关切心理的不断提高，π_c 小于 π_0 时的收益差异使得公众的公平效用降低幅度越来越大。因此，收益共享系数可行域中的上限随着公众的公平关切度的升高而降低；同理，收益共享系数 θ 可行域中的下限随着政府的公平关切度的升高而升高。其中，收益共享系数 θ 的可行域下限的变动，说明随着政府的公平关切程度的升高，其收益共享系数

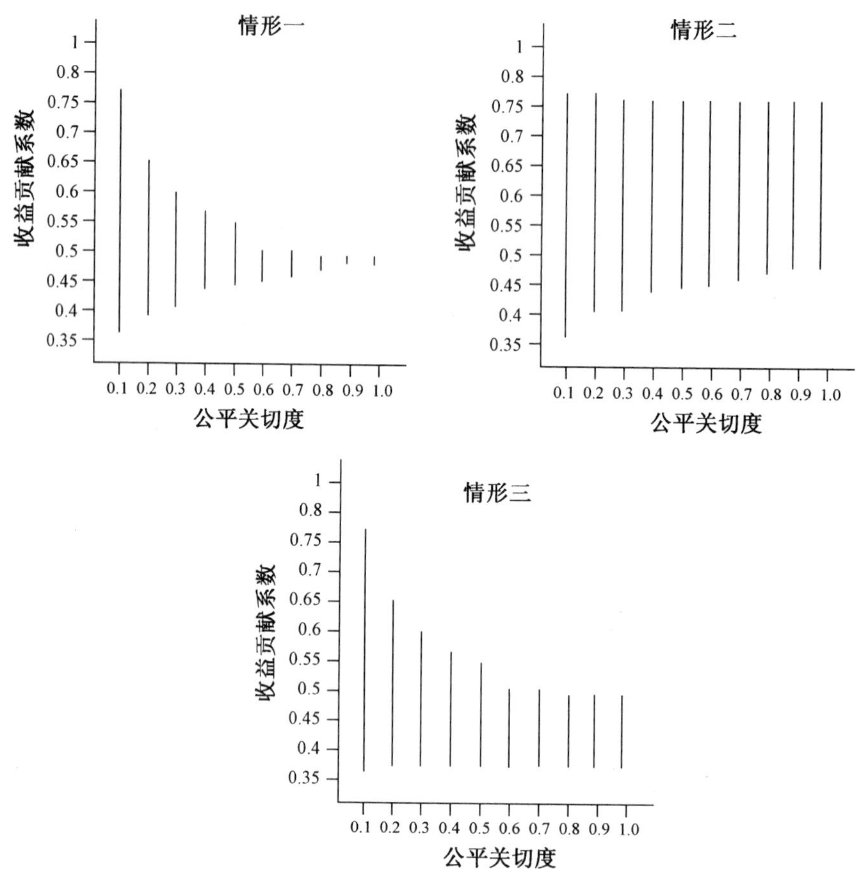

图 6－2 公平关切程度对收益共享系数 θ 可行域的影响

θ 的最小值是在逐渐增大，也就是说，随着政府公平程度的升高，其能够获得的收益的最小值在增加，最终表现为政府获得的收益 π_0 增加。同理，收益共享系数 θ 的可行域上限的变动，说明随着公众公平关切度的升高，收益共享系数 θ 的最大值是在逐渐缩小，也就是说，随着公众公平程度的升高，能够获得的收益的最大值在减小，最终表现为政府获得的收益 π_0 减小。

由此可知，首先，在这个收益共享的过程中，政府与公众无论公平关切的程度如何，都始终对应着一个收益共享区间。其次，收益共享系数 θ

的可行域也随着公平关切度的变化而变化，公平关切度越高，θ 的可行域越小。因此，在微政时代信息公开服务中，政府和公众都应该结合自身的目标，合理调整自身的公平关切度。从政府收益 π_0 角度来看，要尽量避免出现只有公众具有公平关切度的情形。

（二）公平关切程度对于系统绩效的影响

图 6－3 表示不同的情形下主体公平关切程度对于增加的系统收益 π_t、收益共享系数 θ、微政时代信息公开比例 λ_1 的影响。

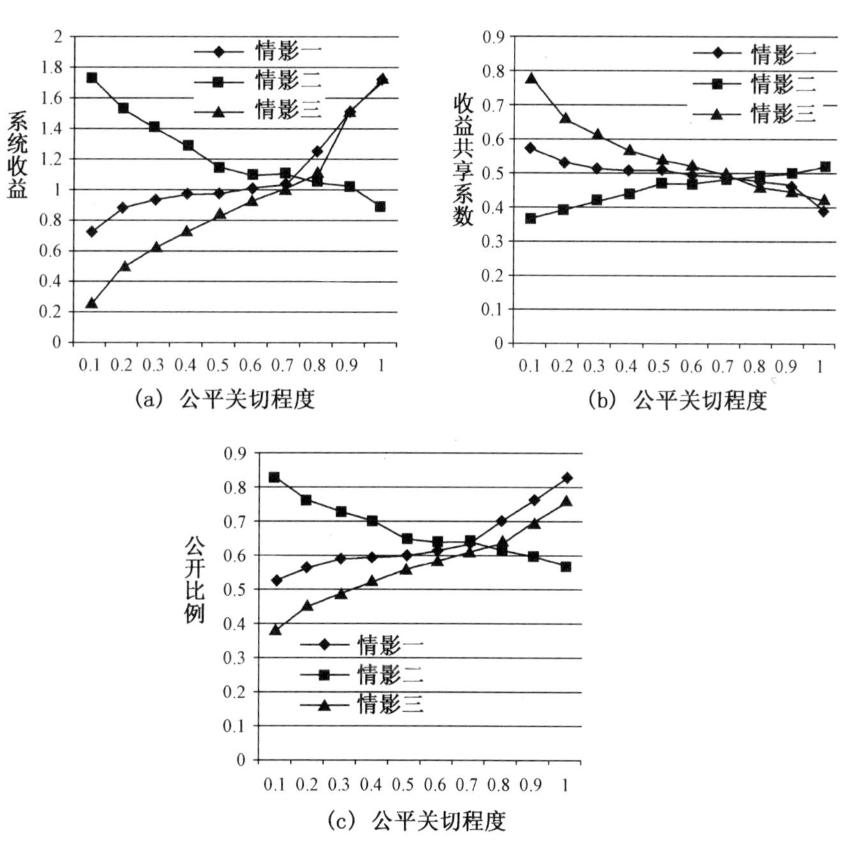

图 6－3　公平关切程度对系统绩效的影响

在图 6-3(a)中，首先，情形一和情形三中的系统收益 π_t，随着主体公平关切程度的升高而升高，情形二中，随着政府公平关切程度不断升高，系统收益 π_t 不断下降。其次，情形一的系统收益 π_t，总是高于情形三的系统收益 π_t。这充分说明，在信息公开中，政府和公众相互监督，拥有相似的公平关切度，才能获得最佳的系统收益 π_t。

在图 6-3(b)中，当双方的公平关切程度在[0.4,0.7]之间时，三种情形下的收益共享系数 θ 都保持在一个相对较为平稳的程度上，逐渐的，三种情形下的收益共享系数 θ 相交一点，表明此时收益共享系数 θ 处于分配较为公平的状态(0.48 左右)。并且，在情形一、情形三中，收益共享系数 θ 随着主体公平关切程度的升高而逐渐降低，说明政府在增加的系统收益 π_t 中获得了较少的收益 π_0；在情形二中，收益共享系数 θ 随着主体公平关切程度的升高而升高，说明政府在新增的系统收益 π_t 中获得了较多的收益 π_0。

在图 6-3(c)中，首先，情形一和情形三中的信息公开比例 λ_1，随着主体公平关切程度的升高而升高，情形二中，随着政府公平关切程度不断升高，信息公开比例 λ_1 不断下降。其次，当公平关切程度在较为适中的程度([0.5,0.6])时，双方期望的信息公开比例最为相近，表示双方更加容易达成共识，此时 λ_1 在[0.6,0.7]。

综上，由图 6-3 可知，首先，政府和公众在一定程度上提高自身的公平关切度，可以增加信息公开比例 λ_1，增加系统收益 π_t。但是，如果只是政府的公平关切度过高，会对系统收益 π_t 产生不利影响。其次，对于政府来说，不能一直追求自身收益共享系数 θ 的提高。

(三) 公平关切程度对于主体收益的影响

如图 6-4 所示，给出了三种情形下的公平关切程度对于政府、公众收益的影响。情形一(图 6-4(a))和情形三(图 6-4(c))中，随着公平关切度的升高，微政时代信息公开中政府收益 π_0 不断下降，公众收益 π_c 不断升高。情形二(图 6－4(b))中，随着公平关切度的升高，微政时代信息公开中政府收益 π_0 不断升高，公众收益 π_c 不断下降。

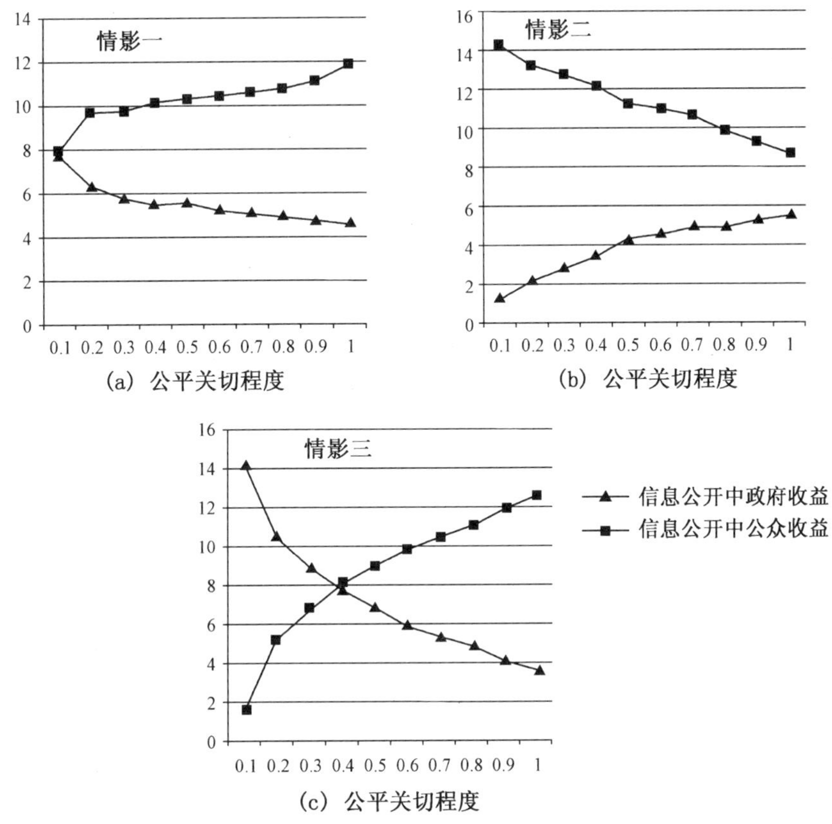

(a) 公平关切程度　(b) 公平关切程度

(c) 公平关切程度

图 6－4　公平关切程度对于主体收益的影响

在收益分配的行为特征方面，通过图 6－4(b)和图 6－4(c)可以发现，随着公众的公平关切度的不断升高，公众对于政府这种试图不断提升自身收益 π_0、而不顾公众收益 π_c 的行为，表现出先“先容忍，后压制”的特征。在图 6－4(b)中，当政府公平关切度较低时，自身收益 π_0 上升趋势极具明显。但是，随着公平关切程度超过 0.45，其收益上升趋势明显减弱。在图 6－4(c)中，随着公众的公平关切程度在[0，0.35]不断的升高，其公平效用越来越大，进而表现出对政府提出的较高的收益共享系数 θ 一定程度的容忍，但是当公众的公平关切度在[0.35,1]之间变化时，公众为了维护自身的收益π_c，面对政府过高地关注自身收益π_0的行为，会表现出压制的行为。正是由于这种压制行为，使得图6-4(a)中政府收益π_0是不断下降的，图6-4(b)中政府收益π_0是不断升高的。政府和公众不同的公平关切度会对收益分配产生重要影响。

在收益分配的影响因素方面，由图6-4(a)、图6-4(c)可以看出，公众的公平关切程度越高，越有利于提升自身收益π_c。随着公平关切程度的升高，收益共享系数θ逐渐上升(图6-3(b))，政府的收益π_0逐渐上升(图6-4(b))，但是信息公开比例λ_1是逐渐降低的(图6-3(b))，所以可以得出对于政府收益π_0来讲，升高收益共享系数θ对于政府收益π_0的影响程度，大于信息公开比例λ_1对政府收益π_0形成的影响。

在政府收益π_0的成本方面，政府为了提高自身收益π_0(图6-4(c))，不断地降低信息公开比例λ_1(图6-3(c))，以降低信息公开成本c_0，从而使得下降的系统收益π_t得以缓冲，表现在情形一中系统收益π_t的下降速度不断降低(图6-3(a))。其中，政府在降低信息公开成本c_0方面，c_0中包含的建设成本α一般为刚性成本，变动的可能性较小，并且风险成本γ也是政府难以控制的方面，所以降低信息公开的成本c_0主要从降低维护成本β、运营成本δ两项成本出发。

由上可知，首先，随着公平关切度的升高，公众期望获得高收益的愿望增强，公众收益π_c不断上升；其次，对于政府收益π_0来讲，微政时代信息公开比例λ_1和收益共享系数θ都会对其产生影响，但是考虑到影响程度，政府会偏向通过升高收益共享系数θ的方式增加自身收益π_0；再次，可以通过降低维护成本β、运营成本δ，来降低信息公开中政府成本c_0。

通过将公平关切与收益共享契约方法结合，基于微政时代信息公开服务的供给者(政府)和使用者(公众)角度，对信息公开过程中政府与公众之间的收益分配行为进行了研究。设置了政府和公众均具有公平关切且公平关切程度相同、只有政府具有公平关切、只有公众具有公平关切三种情形，探究了公平关切度对信息公开双方的收益共享系数可行域、增加的系统收益、收益共享系数发展趋势、信息公开比例、政府收益和公众收益的影响。

第三节　本章小结

因为供给者与使用者间不存在竞争的行为动力，因此，本章从公平关切视角出发，研究和讨论了信息公开供给者与使用者间激励行为和激励收益问题。

就激励行为研究来看，从公平关切角度，引入公平关系系数以讨论信息公开供给者与使用者的收益效用。研究发现：基于公平系数的一体化信息公开，引入效用函数，考虑供给者和使用者双方心理感受，采用转移收益的方式优化一体化信息公开，并提高双方的净收益；无论是传统意义的公平（双方收益绝对相等），还是考虑心理感受的公平（双方心理满足程度相等），优化后的微政时代信息公开，可以有效提高参与者自身的净收益和参与各方的整体净收益。

就激励收益研究来看，基于收益共享契约模型，从公平关切视角出发，分析微政时代信息公开中的各个主体（政府与公众）的公平关切度对信息公开中增加的系统收益、主体的收益共享系数、信息公开比例以及主体互相的、各自的收益的影响。研究发现：

第一，政府与公众的公平关切度，与收益共享系数 θ 的可行区间成反比。即随着政府与公众的公平关切度的升高，收益共享系数 θ 的可行区间逐渐的减小，表现为收益共享系数 θ 的可选择性降低，但是可选的收益共享系数 θ 的合理性增强。

第二，微政时代信息公开比例 λ_1 和系统收益 π_t 成正比，和收益共享系数 θ 成反比。因此，政府如果想通过降低信息公开比例 λ_1 来提升自身收益，只会适得其反。

第三，政府和公众都具备公平关切的情形，优于只有公众具备公平关切。同时，应该尽量避免只有政府具有公平关切的状态。

第四，公众收益 π_c，不仅受到自身公平关切度、政府的公平关切度的影响，也受到收益共享系数和公开信息比例 λ_1 的影响。政府收益 π_0 也是如此，并且，收益共享系数 θ 的影响程度更大。

第五，当公众具有公平关切度时，公众对于政府提升自身收益 π_0、不顾公众收益 π_c 的行为，表现出先“先容忍，后压制”的特征。公平关切度较低时，公众对于政府提高自身收益共享系数 θ 的行为表现为“容忍”，随着公平关切度升高，表现为“压制”。